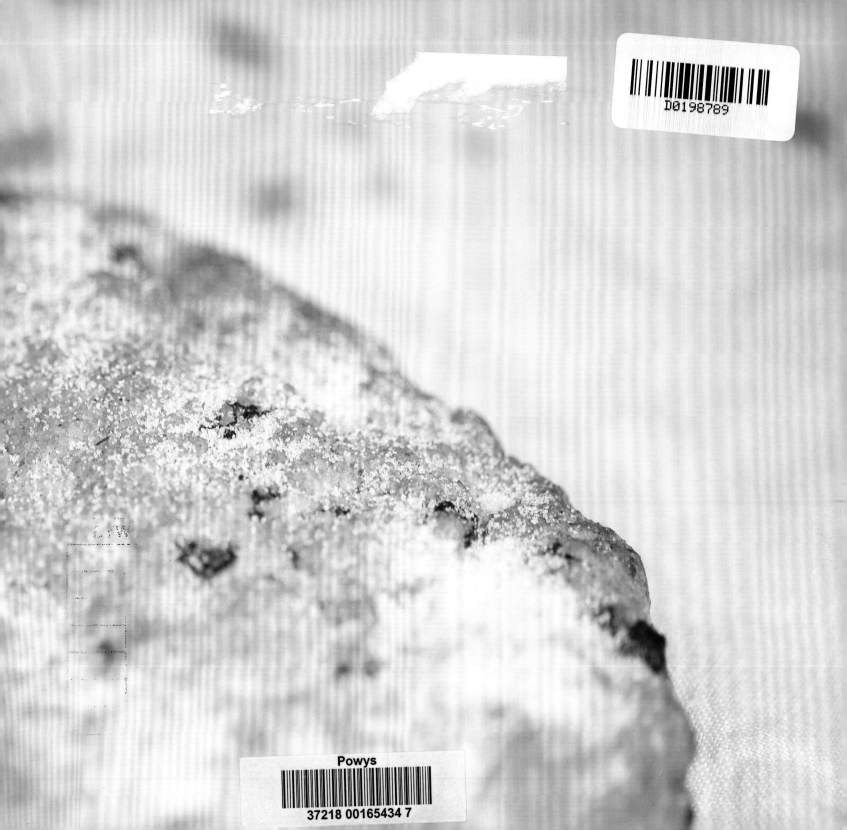

Cyhoeddwyd yn 2014 gan
Wasg Gomer, Llandysul, Ceredigion SA44 4JL

ISBN 978-1-84851-872-8

Dymuna'r cyhoeddwyr gydnabod cymorth
Cyngor Llyfrau Cymru.

Argraffwyd a rhwymwyd yng Nghymru gan
Wasg Gomer, Llandysul, Ceredigion

Published in 2014 by
Gomer Press, Llandysul, Ceredigion SA44 4JL

ISBN 978-1-84851-872-8

The publishers wish to acknowledge the
financial support of the Welsh Books Council

Printed and bound in Wales at
Gomer Press, Llandysul, Ceredigion

Dylunio/Design: Rebecca Ingleby Davies
Ymgynghorydd bwyd/Food consultant: Hazel Thomas
Ffotograffiaeth/Photography: Iestyn Hughes, Hazel Thomas

PRYDAU PEDWAR TYMOR

FOOD FOR FOUR SEASONS

Gareth Richards

Gomer

Tamaid Tymhorol

SIMPLY SEASONAL

Croeso i 'nghyfrol ddiweddaraf i, *Prydau Pedwar Tymor*, ac mae gwledd go iawn yn aros amdanoch! Yn dilyn poblogrwydd fy nghyfrol *Prydau Pum Peth*, dyma fi'n penderfynu cadw at thema'r rhifau a throi'r Pump yn Bedwar gan ddilyn y tymhorau y tro hwn.

Ar hyd y flwyddyn mae yna adegau arbennig sy'n gerrig milltir yn ein bywydau ni bob un; dyddiau penodol o ddathlu fel dydd Gŵyl Ddewi, y Pasg a'r Nadolig lle daw cyfeillion a theulu ynghyd, â lle bydd bwyd a sgwrs cyn bwysiced â'i gilydd. Ar adegau eraill y tymhorau sy'n dylanwadu ar yr hyn rydym yn ei fwyta ac ar y bwyd rydym yn ei baratoi. Mae'r cyfan yn gweu i'w gilydd i greu blwyddyn gron faethlon, amrywiol, a thra chymdeithasol.

Welcome to my latest book, *Prydau Pedwar Tymor / Food for Four Seasons*, there's a real feast waiting for you! Following the success of my previous book *Take Five*, I decided to keep the theme of numbers and turned the Five into Four, taking my lead form the seasons this time.

Throughout the year, there are important milestones in all our lives, specific celebration days like St David's Day, Easter and Christmas where friends and family come together and where food and conversation are important in equal measure. At other times it's the seasons that influence what we eat and the food we prepare. All of these elements come together to create a whole year in all its nutritious and sociable glory.

Yn yr haf mae'r tywydd braf yn ein hannog i fynd mas i fwyta yn yr awyr agored, a hynny'n golygu bod angen prydau pwrpasol i fynd gyda ni i'r priffyrdd a'r caeau. Mae'r hydref yn adeg pan fo ffrwythau'n lluosog a chnydau yn barod i'w cynaeafu, ac mae'n ein gwahodd i wneud y mwyaf ohoni o ran y bwyd ry'n ni'n ei baratoi. Rwyf wrth fy modd yn defnyddio cynnyrch lleol yn ei dymor, mae'n blasu cymaint yn well, ac yn ystod y flwyddyn fe ddaw digon o gynnyrch gwahanol o bob un o'r tymhorau yn eu tro. 'Amser i bopeth a phopeth yn ei amser, bois bach,' dyna ddywedai Tad-cu, dyn doeth oedd Tad-cu.

Fel mab fferm, mae'r tymhorau wedi bod yn rhan bwysig o 'mywyd i ac yn aml iawn y tymhorau yw'r testun trafod brwd o gwmpas y bwrdd bwyd – beth yw'r tywydd yr wythnos hon, y tymor cneifio, pa adeg yw'r orau i gychwyn ar bethau yn yr ardd, y tymor cynaeafu a'r holl siarad yma'n rhoi blas ar y pedwar tymor.

Ac felly yn y gyfrol hon rwy'n edrych ar y flwyddyn yn ei chyfanrwydd, a'r tymhorau'n fy nhywys yn naturiol drwy'r flwyddyn o ran y math o bethau y bydda i'n eu paratoi. Rwy'n hoff iawn o gael ymateb cynulleidfaoedd i'r prydau rwy'n eu cyflwyno hefyd, naill ai yn fy nghegin yn Goedwig, mewn arddangosfeydd, ar y teledu, neu pan ydw i gyda 'nheulu a'm ffrindiau – mae'n bwysig iawn i fi. *The proof of the pudding is in the eating* medd y Sais, ac mae hynny'n llythrennol wir yn fy achos i, oherwydd does dim yn well gen i na chael ymateb pobl i'r bwyd rwy'n ei goginio mae'n rhoi pleser mawr i fi.

During summer the sunny weather takes us outside and encourages us to eat in the fresh air, which means that we need to take meals with us that are especially created for al fresco eating. Autumn is a time when fruit is abundant and crops are ready for harvest, the season invites us to make the most of things as far as the food we prepare is concerned. I absolutely love using local produce that's in season, it tastes so much better, and there's plenty of variety available from season to season. 'There's a time for everything and everything in its time,' that's what my grandfather used to say, my grandfather was a wise man indeed.

As the son of a farm, the seasons have been an important part of my life and more often than not the seasons would be the hot topic of discussion around the table – what's the weather like this week, the shearing season, what time's best to sart things in the garden, the harvest season and all of this talk gives a real taste to the four seasons.

So in this book I'll be looking at the year in its entirety and the seasons lead me naturally through the year as to the kind of food I prepare. I also love getting audience reactions to the food I present, either in my own kitchen in Goedwig, during food exhibitions, on television or when I'm with my family and friends – I find this extremely important. They say that the proof of the pudding is in the eating, and in my case this is literally true, because there's nothing better than getting people's reactions to the food I cook, it gives me great pleasure.

Porwch drwy *Prydau Pedwar Tymor* da chi, dewch gyda fi am dro drwy'r tymhorau i ddarganfod trysorfa o ddanteithion.

Hwyl i chi o'r gegin,

Do browse through *Food for Four Seasons*, follow me on a journey through the seasons and discover a treasure trove of culinary treats.

Best wishes from the kitchen,

Cynnwys

Contents

gwanwyn

SPRING

Pan rwy'n meddwl am dymor y gwanwyn mae San Ffolant, dydd Gŵyl Ddewi, pancws a'r Pasg yn dod yn themâu naturiol yn fy nghegin i. Mae'n braf croesawu cynhwysion cyffrous a ffres i'r cwpwrdd ar ôl oerni'r gaeaf, a'r cwbwl yn rhoi her i fi fel cogydd. Ar ddechrau'r gwanwyn rwy'n edrych ymlaen yn fawr iawn at gael blasu cig oen cynnar y tymor; mae'r gwanwyn wedi cyrraedd go iawn wedyn.

Wrth gwrs, ar ôl rhosyn coch, rhamant a chalonnau dydd San Ffolant daw dathliadau dydd Gŵyl Ddewi i lonni'r gegin ac mae'n gyfle perffaith i ddarganfod cynhwysion Cymreig ac arbrofi gyda nhw.

Adeg y Pasg mae'n gyfnod prysur iawn gartre am fod gwaith i'w wneud ar y ffarm yn paratoi'r tir ar gyfer plannu cynnyrch newydd ac wrth gwrs mae llawer o ymwelwyr yn galw draw ar gyfer y diwrnodau agored tymhorol rwy'n eu cynnal.

When the spring season comes around I think about Valentine's Day, St David's Day, pancakes and Easter and they become natural themes in my kitchen. It is always lovely to welcome the exciting, fresh produce into my cupboard after a cold winter; they offer me a fresh culinary challenge every time. I always look forward to my first taste of the new spring lamb it means that spring really has sprung.

Of course, after the hearts, the red roses and the romance of Valentine's Day I turn my attention to St David's Day and national celebrations and it's a perfect time to discover new Welsh ingredients to experiment with.

Easter time is always busy on the farm as we prepare the land for planting new produce, and of course I get a load of visitors calling in at my kitchen during my seasonal open days.

bwydlen
MEALS

Salad gwydrau siot	Salad shot pots
Paté brithyll	Trout paté
Sgons caws a berwr dŵr	Cheese and watercress scones
Calonnau samwn crwst pwff	Puff pastry salmon hearts
Dim sum cig oen	Lamb dim sum
Pwdin reis neis Mam-gu	Mam-gu's nice rice pudding
Teisen lap	Plate cake
Teisen Simnel	Simnel cake

Salad gwydrau siot

Rwy'n cael llawer o hwyl yn meddwl am ffyrdd creadigol a gwahanol o weini ryseitiau o flaen cynulleidfa; mae cael sbri wrth goginio'n hanfodol i fi ac rwy'n hoffi gweld pobl yn mwynhau. Pan wnes i arddangos y salad hwn mewn gwydrau siot bach fe achosodd gryn dipyn o chwerthin ymhlith pawb. Syniad modern a chŵl!

Salad shot pots

I love playing around with different and creative serving ideas for recipes and I also like raising a smile with my audience when I'm demonstrating recipes; it's an essential part of the creativity of cooking for me. It was fun to see people's faces when I demonstrated the salad served in shot glasses; it made people laugh. How very modern!

TIP: Prynwch fetys wedi'i goginio'n barod er mwyn arbed amser a chreu llai o lanast!

TIP: Use ready-cooked beetroot to save on time and create less mess in the kitchen!

Cynhwysion

200g o fetys coch wedi'u coginio
a'u deisio
2 afal wedi'u deisio
2 goes helogan wedi'u sleisio'n fân
50g o gnau Ffrengig wedi'u torri'n fras
llond llaw o bersli wedi'i falu
sudd ½ lemwn
3 llwy fwrdd o olew cnau Ffrengig
1 llwy fwrdd o finegr gwin coch

Dull

Rhowch y betys, yr afal, yr helogan, y cnau Ffrengig a'r persli mewn bowlen a'u cymysgu.

Chwisgiwch yr olew, y finegr, y sudd lemwn a halen a phupur ynghyd a'i arllwys dros y salad. Cymysgwch yn dda a rhannwch rhwng y gwydrau siot bach.

Gweinwch gyda'r paté brithyll.

Ingredients

200g cooked beetroot, diced
2 apples, diced
2 celery sticks, finely sliced
50g walnuts, roughly chopped
some chopped parsley
juice of ½ lemon
3 tbsp walnut oil
1 tbsp red wine vinegar

Method

Put the beetroot, apple, celery, walnuts and parsley in a bowl and mix.

Whisk the oil, vinegar, lemon juice and seasoning together and pour over the salad. Mix well and divide between small shot glasses.

Serve with the trout paté.

Paté brithyll

Ar ôl llwyddiant a phoblogrwydd rysáit y paté caws blasus yn y llyfr *Prydau Pum Peth* roedd rhaid meddwl am fath gwahanol o paté ar gyfer y gyfrol hon, ac felly dyma fe. Mae ansawdd pysgodyn ffres yn llawer gwell ar gyfer rysáit o'r math yma yn fy marn i, ond gellir defnyddio brithyll mwg hefyd, er y bydd lliw'r pysgodyn yn fwy tywyll. Cofiwch hefyd fod yn rhaid defnyddio caws llawn braster er mwyn i'r paté setio'n well. Rwy'n hoff iawn o weini compot riwbob gyda'r paté, neu os yw amser yn brin, picl riwbob. Mae siarprwydd y riwbob yn torri ar flas cyfoethog y paté – y pâr perffaith!

Trout paté

I had to come up with another paté recipe following the success of my tasty cheese paté recipe in my last book *Prydau Pum Peth / Take Five*, so here it is. Fresh trout fillets are much better for this kind of recipe in my opinion; you can use smoked trout, but the colour will be darker. Don't forget to use a full fat cheese for a better setting to the paté. I'm particularly partial to serving this with a refreshing rhubarb compote, or if time is of the essence, rhubarb pickle. The sharpness of the rhubarb cuts across the rich flavours of the paté – the perfect pairing!

Cynhwysion

140g o gaws hufen braster llawn
1 llwy de o farchruddygl
croen a sudd ½ lemwn
1 llwy fwrdd o bersli a dil wedi'u
torri'n fân
2 ffiled o frithyll ffres (neu frithyll mwg)

Ingredients

140g full fat cream cheese
1 tsp horseradish
zest and juice of ½ lemon
1 tbsp finely chopped parsley and dill
2 fresh trout fillets (or smoked trout)

Dull

Os ydych yn defnyddio brithyll ffres bydd rhaid coginio'r pysgodyn yn gyntaf a gadael iddo oeri cyn gwaredu'r croen ac unrhyw esgyrn o'r cig. Yn bersonol, rwy'n hoffi coginio'r brithyll mewn ychydig o ddŵr am tua deng munud.

Gosodwch gig y brithyll mewn prosesydd bwyd gyda'r caws hufen, y perlysiau, y marchruddygl, a chroen a sudd y lemwn, a'i brosesu nes bod y cyfan yn llyfn. Ychwanegwch bupur a halen yn ôl eich dewis personol. Cymysgwch yn dda i gyfuno'r cynhwysion i gyd.

Rhannwch y cymysgedd rhwng gwydrau bach a'u rhoi yn yr oergell am dipyn i setio.

Gweinwch gyda bara rhyg a'i addurno â'r dil a phupur du.

Method

If you're using fresh trout you need to cook it first and allow the fish to cool before flaking the flesh to remove the skin and any bones. Personally I like to poach my fresh trout in a small amount of liquid for about ten minutes.

Take the flaked trout and place in a food processor along with the herbs, the cream cheese, the horseradish, the lemon zest and juice and whizz until smooth and all the ingredients are blended. Season to taste.

Remove from the processor and divide between small glasses. Place in the fridge to chill and set before serving.

Serve with rye bread and garnish with the dill and black pepper.

TIP: Defnyddiwch fag peipio i lenwi'r gwydrau â'r paté er mwyn creu golwg lân a phroffesiynol.

TIP: Use a piping bag to fill the glasses with the paté for a clean professional finish.

Sgons caws a berwr dŵr

Rwy'n ffodus iawn 'mod i'n byw yn ardal Llambed oherwydd mae'n ardal sy'n llawn dop o gynnyrch lleol arbennig. Mae Caws Gorwydd yn berffaith ar gyfer y rysáit yma. Mae elfen friwsionllyd a hufennog y caws yn sylfaen perffaith, ac mae'r rysáit syml hon yn hawdd i'w gwneud os cewch ymwelwyr annisgwyl.

Rwy'n cofio casglu berwr dŵr gartre ar y fferm, ond erbyn heddiw mae amser yn brin, ac mae digon o gynhyrchwyr lleol o gwmpas sy'n gwerthu'r dail maethlon yma. Mae'n beth hynod i ddysgu bod berwr dŵr, gram wrth gram, neu owns wrth owns, yn cynnwys mwy o fitamin C nag oren, a bod mwy o haearn ynddo na sydd mewn sbigoglys, a mwy o galsiwm na sydd mewn llaeth, ac mae'n blasu mor hyfryd mewn ryseitiau. Defaid sy'n pori'r berwr dŵr garte nawr a dyna pam mae defaid Goedwig mor iach a'r cig oen mor flasus, mae'n debyg.

Cheese and watercress scones

Living near Lampeter I'm so lucky because this is an area rich in wonderful local produce; Caws Gorwydd cheese is perfect for this recipe. The crumbly creaminess of the cheese makes the perfect foundation, and this simple recipe is really easy to whip up if you have unexpected visitors.

When I was young I remember collecting watercress on the farm. Unfortunately I don't have time these days but there are plenty of good local producers around who grow these nutritious leaves. It's amazing to learn that watercress, gram for gram, or ounce for ounce, contains more vitamin C than an orange, and that it has more iron than spinach and more calcium than in milk and tastes so good in recipes. It's the Goedwig sheep that benefit from the watercress crop on the farm. No wonder the sheep are so healthy and the lamb is so delicious!

Sgons caws a berwr dŵr

Cynhwysion

300g o flawd codi
1 llwy de o bowdr pobi
½ llwy de o halen
75g o fenyn
1 wy
150ml o laeth hanner sgim
1 llwy de o fwstard
75g o gaws wedi gratio
75g o ferwr dŵr wedi'i falu (cadwch rywfaint dros ben i'w ddefnyddio fel addurn ar y diwedd)

Dull

Cynheswch y ffwrn i 220°C / 425° F / Nwy 7.

Hidlwch y blawd a'r powdr pobi i mewn i bowlen fawr. Ychwanegwch yr halen ac yna rhwibiwch y menyn mewn nes bod y cymsygedd yn edrych fel briwsion bara.

Crëwch bydew bach yng nghanol y cymysgedd ac ychwanegwch yr wy wedi'i guro, y llaeth, y mwstard, 50g o'r caws a ¾ y berwr dŵr.

Cymysgwch i wneud toes a gwnewch siâp pêl.

Ar arwynebedd wedi'i ysgeintio â blawd rholiwch y toes allan a thorri 12 siâp cylch gan ddefnyddio torrwr toes crwn 6.7cm.

Gosodwch y sgons ar fwrdd pobi ac ysgeintiwch weddill y caws drostynt.

Pobwch am 10-15 munud.

Oerwch y sgons ar resel weiren.

I'w gweini, rhowch gaws hufen, samwn mwg neu ham Caerfyrddin ar eu pennau a'u haddurno â gweddill y berwr dŵr.

TIP: Dipiwch y torrwr mewn blawd cyn torri'r toes fel nad yw'r cymysgedd yn glynu wrtho. Stampiwch siapiau'r sgons allan yn hytrach na throi'r torrwr wrth dorri'r toes – bydd hynny'n sicrhau bod y sgons yn codi'n syth ac nid yn unochrog.

Cheese and watercress scones

Method

Preheat the oven to 220°C / 425°F / Gas 7.

Sift the flour and baking powder into a large bowl. Add the salt, then rub in the butter to resemble breadcrumbs.

Create a well in the middle of the mixture and stir in the beaten egg, milk, mustard, 50g of the cheese and ¾ of the watercress.

Bring the dough together and shape into a ball.

On a floured surface roll out the dough and cut into 12 rounds using a 6.7cm round dough cutter.

Place the scones on a baking tray and scatter over with the remaining cheese.

Bake for 10–15 minutes.

Cool the scones on a wire rack.

To serve, top with cream cheese, smoked salmon or Carmarthen ham. Garnish with the remaining watercress.

Ingredients

300g self-raising flour
1 tsp baking powder
½ tsp salt
75g butter
1 egg
150ml semi-skimmed milk
1 tsp mustard
75g grated cheddar cheese
75g watercress, chopped (put some aside for decorating at the end)

TIP: Dip your cutter into flour before cutting out the scones as this will prevent it from sticking to the mixture. Stamp out the scone shapes rather than twisting the cutter; this will ensure an even rise, rather than a lopsided one.

Calonnau samwn crwst pwff

Os byddwch am greu argraff dda ar y 'rhywun arbennig' yn eich bywyd dyma'r rysáit ar eich cyfer chi. Dyma ddanteithion delfrydol ar gyfer diwrnod Santes Dwynwen neu San Ffolant, ond weithiau mae angen trefnu pryd bach sbesial jyst i ddau. Mae'r rysáit hon yn gyflym ac yn flasus, ac wrth gwrs mae'r siâp calon yn ffordd dda o ddangos eich teimladau. Mwynhewch. XXX

Cynhwysion

1 pecyn o grwst pwff wedi'i rolio'n barod
200g o gaws hufen
1 leim
llond llaw o dil wedi'i falu'n fân
2 ffiled o samwn mwg poeth
1 wy (wedi'i guro)
ychydig o ddail berwr dŵr neu ferwr y gerddi
ychydig o olew olewydd

TIP: Gellir defnyddio llwyaid o saws pesto yn y rysáit os nad oes gennych berlysiau ffres wrth law.

Dull

Cynheswch y ffwrn i 200°C / 400°F / Nwy 6.

Torrwch ddarnau siâp calon o'ch toes. Brwsiwch nhw â'r wy wedi'i guro ac yna stampiwch siâp calon llai o fewn y siâp calon mawr, ond peidiwch â mynd drwy'r toes.

Pobwch y calonnau toes am tua 10 munud nes eu bod yn lliw euraidd. Tynnwch nhw o'r ffwrn a gwasgwch siâp calon llai allan o ganol y galon does i greu gwagle ar gyfer y llenwad.

Cymysgwch y caws hufen gyda chroen y leim a'r dil. Defnyddiwch y cymysgedd i lenwi canol y siapiau calon. Rhowch ychydig o haenau o samwn dros y cymysgedd.

Cynheswch drwyddo yn y ffwrn am tua 5 munud. Gosodwch ar blât a'u haddurno gyda'r dail gwyrdd.

Cymysgwch yr olew olewydd gyda pheth sudd leim a diferwch hwn dros y dail, ysgeintiwch bupur du ar ben y cyfan.

TIP: Why not use pesto as an alternative flavouring for this recipe if you don't have any fresh herbs handy?

Puff pastry salmon hearts

If you ever need to make a good impression on a 'special someone' in your life this is the recipe for you. These dainty morsels are ideal for St Dwynwen's Day or for Valentine's, but sometimes, when you need to say it with more than flowers, you need to prepare a special meal just for two. This recipe is quick and tasty, and of course the heart-shaped pastry is a delightful way of showing your feelings. Enjoy. XXX

Ingredients

1 packet of ready-rolled puff pastry
200g cream cheese
1 lime
some finely chopped dill
2 fillets of hot smoked salmon
1 egg, beaten
watercress or rocket leaves
some olive oil

Method

Preheat the oven to temperature 200°C / 400°F / Gas 6.

Stamp out heart shapes from your pastry. Brush with egg wash then stamp out a smaller heart shape within the main heart but don't go through the pastry.

Bake the pastry in the oven until golden brown. Remove from the oven and punch a smaller heart shape into the heart-shaped pastry to create a cavity for your filling.

Mix the cream cheese with the zest of the lime and the dill. Use the mixture to fill the centre of the heart shapes. Flake some of the salmon pieces over the mixture.

Warm through in the oven for about 5 minutes. Arrange on a plate with the green leaves.

Mix the olive oil with some lime juice and drizzle this over the leaves, then sprinkle some black pepper over the top.

Dim sum cig oen

Er mai coginio traddodiadol Cymreig sy'n mynd â 'mryd i'n bennaf, mae'n braf cael arbrofi a blasu cynhwysion a ryseitiau o wledydd eraill weithiau. Gyda chymaint o gynhwysion o bob cwr o'r byd ar gael bellach, mae'r rysáit hon yn cynnwys cig oen Cymreig mewn gwisg ddwyreiniol sy'n cael ei goginio mewn dull dwyreiniol hefyd.

Cynhwysion

Ar gyfer y toes:
250g o flawd codi
¼ -½ peint o laeth

Ar gyfer y llenwad:
500g o friwgig cig oen
2 lwy fwrdd o saws hoisin neu saws ffa du
1 llwy de o bowdr pum sbeis
3 shibwnsyn wedi'u torri'n fân
1 foronen wedi'i gratio
llond llaw o hadau winwns du
ychydig o olew llysiau

Dull

Cynheswch ffrimpan yn raddol a ffrïwch y cig yn sych. Gwnewch yn siŵr eich bod yn cadw'r briwgig i symud fel ei fod yn gwahanu wrth iddo goginio. Dylai hyn gymryd tua 10 munud.

Ychwanegwch y moron a'r shibwns ac ysgeintiwch y powdr pum sbeis dros y cig. Coginiwch am 5 munud arall. Ychwanegwch y saws hoisin a'i gyfuno â'r cymysgedd. Gadewch i oeri am ychydig.

Hidlwch y blawd i bowlen a digon o laeth i greu toes, ychwanegwch halen a phupur os dymunwch. Torrwch y toes yn ddarnau bach a'u rholio i greu disgiau.

Gosodwch lwy bwdin o'r cymysgedd ar bob disg a'u plygu drosodd i greu peli.

Gosodwch y bêl mewn casyn cacennau bach a pharhewch fel hyn nes i chi orffen defnyddio'r cymysgedd. Gosodwch y peli mewn sosban stemio. Brwsiwch nhw ag olew a'u hysgeintio â hadau. Stemiwch am oddeutu 25 munud.

Gweinwch gyda saws soi a shibwns a chiwcymbyr wedi'u torri'n stribedi.

TIP: Am lenwad llysieuol blasus, ffrïwch ychydig o winwns coch wedi'u torri'n fân nes eu bod wedi carameleiddio a'u cymysgu gydag ychydig o gaws Caerffili.

TIP: For a delicious vegetarian filling, caramelise some finely sliced red onion and mix with some Caerffili cheese.

Lamb dim sum

I'm mostly interested in traditional Welsh cooking, but sometimes it's nice to experiment with ingredients and recipes from other countries. The availability of ingredients from the four corners of the world means that the Welsh lamb included in this recipe is dressed in eastern flavours – the world is your oyster – oriental style!

Ingredients

For the dough:
250g self-raising flour
¼-½ pint of milk

For the filling:
500g lamb mince
2 tbsp hoisin sauce or black bean sauce
1 tsp five-spice
3 spring onions, chopped
1 carrot, grated
some black onion seeds
some oil

Method

Slowly heat a frying pan and dry fry the meat, making sure to keep the mince moving so that it separates as it is cooking. This should take about 10 minutes.

Add the carrot and spring onion and sprinkle the five-spice over the meat. Cook for a further 5 minutes. Add the hoisin sauce and combine. Leave to cool for a while.

Sift the flour into a bowl and add seasoning and enough milk to form a dough. Cut into small pieces and roll into disks.

Place a dessertspoon of mix onto each disk and fold over to form a ball.

Place the ball in a muffin case and continue until you finish the mixture. Place the balls in a steamer. Brush with oil and sprinkle with seeds. Steam for about 25 minutes.

Serve with soy sauce and spring onions and cucumber cut into strips.

Pwdin reis neis Mam-gu

Atgofion hyfryd am flasau'r gorffennol sydd wedi ysbrydoli'r rysáit hon. Roedd Mam-gu Pantycelyn yn arfer coginio pwdin reis mewn padell enfawr ar ôl i ni gael llond boliaid o ginio dydd Sul, a ninnau fel teulu yn ymladd dros ein hoff ran o'r pwdin. I fi, glanhau'r basin oedd y peth gorau oll. Byddai Mam-gu'n defnyddio llaeth o'r fferm yn llawn hufen fel sylfaen i'r rysáit; doedd dim byd yn blasu cystal â llaeth o'r fferm. Mae'n debyg bod rhai yn sleisio'r pwdin reis wedi iddo oeri ac yn ei fwyta rhwng dwy dafell o fara fel brechdan. Rhyfedd, ond gwir.

Mam-gu's nice rice pudding

It's remembering the past that has inspired this recipe. I have fond memories of my grandmother, Mam-gu Pantycelyn, making a rice pudding to beat all rice puddings it used to be the crowning glory of a fantastic Sunday lunch and the whole family would be fighting over the bowl for their favourite part. For me the best bit was cleaning the bowl with a spoon at the end. Mam-gu would use full fat milk straight from the farm, nothing could beat the taste of farm fresh milk. Some people slice the rice pudding when it's cold and eat it between two slices of bread. Strange but true.

Pwdin reis neis Mam-gu

Cynhwysion

Ar gyfer y pwdin reis:
2 beint o laeth
75g o reis pwdin
75g o siwgr
1 tun bach o laeth anwedd
1 pod fanila

Ar gyfer yr eirin:
¼ peint o win Marsala
1 llwy de o arorwt
¼ peint o ddŵr
25g siwgr mân
9 eirinen, wedi'u haneru, a'r cerrig
wedi'u tynnu
2 ffon sinamon
llond llaw o gnau pistasio i addurno

TIP: Os rhowch chi ychydig
bach o ddŵr oer mewn sosban
cyn ychwanegu llaeth, bydd yn
cadw'r llaeth rhag glynu a llosgi.

Dull

Cynheswch y ffwrn i 180°C / 350°F / Nwy 4.

Cymysgwch y llaeth anwedd a'r llaeth mewn jwg.

Rhowch y reis mewn rhidyll a'i rinsio'n dda dan ddŵr tap cyn ei roi mewn sosban fawr gyda'r llaeth. Ychwanegwch y siwgr a'r pod fanila (holltwch y pod yn gyntaf ac ychwanegwch ef ynghyd â'r hadau). Berwch y cymysgedd gan ei droi'n dda ac yna gostyngwch y gwres fel bod y llaeth yn mudferwi. Mudferwch am 10 munud gan ei droi'n achlysurol.

Trosglwyddwch y cymysgedd i ddysgl 2 beint wedi'i hiro fydd yn gwrthsefyll gwres y ffwrn. Gorchuddiwch â ffoil a'i bobi am 40–50 munud.

Cymysgwch y gwin Marsala, yr arorwt, y dŵr a'r siwgr gyda'i gilydd.

Gosodwch yr eirin mewn dysgl addas ar gyfer y ffwrn ac arllwys y cymysgedd wlyb drostynt. Ychwanegwch y ffyn sinamon a phostio'r cyfan yn y ffwrn heb orchudd am 40 munud. Trowch yr eirin unwaith yn ystod yr amser coginio.

Gweinwch ddysglaid helaeth o bwdin reis ynghyd â'r eirin cynnes. Ysgeintiwch lond llaw o gnau pistachio wedi'u malu dros y pwdin.

Mam-gu's nice rice pudding

TIP: If you add a very small amount of water to a pan before adding milk it will prevent the milk from sticking and scorching.

Ingredients

For the rice pudding:

2 pts milk
75g pudding rice
75g sugar
1 small tin of evaporated milk
1 vanilla pod

For the plums:

¼ pt of Marsala wine
1 tsp arrowroot
¼ pt water
25g caster sugar
9 plums, halved and stones removed
2 cinnamon sticks
a handful of pistachio nuts to decorate

Method

Preheat the oven to 180°C / 350°F / Gas 4.

Mix the evaporated milk and milk in a jug.

Rinse the rice well in a sieve before placing in a large saucepan with the milk. Add the sugar and the vanilla pod (split the pod first and add with the seeds). Bring the milk to the boil, stirring well, and then reduce the temperature so the milk is just simmering. Simmer for 10 minutes stirring occasionally.

Transfer the mixture to a 2 pint greased ovenproof dish. Cover with foil and bake in the oven for 40-50.

Mix the Marsala wine, the arrowroot, water and sugar together. Place the plums in a large ovenproof dish and pour the wet mixture over them. Add the cinnamon sticks and poach uncovered in the oven for 40 minutes. Turn the plums once during the cooking time.

Serve up a generous helping of rice pudding with warm plums. Sprinkle a handful of chopped pistachio nuts over the pudding.

Teisen lap

Rydw i'n cofio, pan fydden i'n mynd i sêls fferm yng nghwmni Mam a Dad, y byddai amser ar y diwedd i brynu paned o de a darn o gacen. Yn aml teisen lap fyddai'r gacen, ac yn ddi-ffael byddai honno'n un mor flasus fel byddai'n rhaid i fi gael mwy. Fe ofynnais i Mam a fyddai'n hi'n cael y rysáit i fi. A dyma hi. Bu Mam yn coginio'r deisen hon am gyfnod fy mhlentyndod bron i gyd. Bellach mae'n addas iawn pan ddaw ymwelwyr ataf ar gyfnod gwyliau neu ar adeg dathlu fel dydd Gŵyl Ddewi er enghraifft.

Plate cake

At the end of almost every farm sale with Mam and Dad there would be time to buy a cup of tea and a slice of cake. More often than not the cake would be a plate cake and it would be so delicious that I would almost always go back for a second helping. I asked Mam to get me the recipe and here it is. I seem to remember that Mam used to make this cake during my childhood. These days I make this cake when visitors call during holidays and especially for celebrations such as St David's Day.

Teisen lap

Plate cake

Cynhwysion

225g o flawd codi
½ llwy de o bowdr pobi
110g o fenyn
110g o siwgr
150g o gyrens
wy ac ychydig o laeth i gymysgu

TIP: Rhowch ddarn bach o afal yn y tun gyda'r deisen – bydd hyn yn ei chadw'n ffres.

Ingredients

225g self-raising flour
½ tsp baking powder
110g butter
110g sugar
150g currants
egg and a little milk to mix

TIP: Put a small slice of apple in the tin with your cake – this will keep it fresh.

Dull

Cynheswch y ffwrn i 180°C / 350°F / Nwy 4.

Irwch blât cinio sy'n gallu mynd i'r ffwrn â menyn.

Hidlwch y blawd a'r powdr pobi i mewn i bowlen fawr ac ychwanegwch y menyn. Rhwbiwch at ei gilydd nes eu bod yn edrych fel briwsion bara. Ychwanegwch y siwgr a'r cyrens. Mewn bowlen arall cymysgwch yr wy gydag ychydig o laeth. Gwnewch bydew bach yng nghanol y cymysgedd ac ychwanegwch y cynhwysion gwlyb i ffurfio toes meddal gludiog. Defnyddiwch lwy i roi'r cymysgedd ar y plât a phobwch am 30 munud.

Tynnwch y plât o'r ffwrn ac ysgeintiwch ychydig o siwgr dros y deisen. Torrwch y deisen yn ddarnau a gweinwch fel pwdin gyda chwstard, neu gyda phaned o de.

Method

Preheat the oven to 180°C / 350°F / Gas 4.

Grease an ovenproof dinner plate with butter.

Sift the flour and baking powder into a large bowl and add the butter. Rub together to resemble breadcrumbs. Add the sugar and currants. Mix the egg with a little milk. Make a well in the middle of the mixture and add the wet ingredients to form a soft sticky dough. Spoon onto the plate and bake for 30 minutes.

Remove from the oven and sprinkle some sugar over the cake. Cut into wedges to serve as a pudding with custard or just a cup of tea.

Teisen Simnel

Mae'r Pasg yn adeg bwysig o'r flwyddyn; mae'n amser dathlu ac yn amser i deuluoedd ddod ynghyd. Teisen ffrwythau ysgafn yw'r Simnel a haenen o bast almwn yn y canol. Byddai'r deisen yn cael ei choginio ar gyfer y Sul sydd ar ganol cyfnod ympryd deugain niwrnod y Grawys, sef Sul y Mamau, pan fyddai llacio tamed bach ar yr ympryd. Caiff un ar ddeg o beli marsipán eu rhoi ar y deisen i gynrychioli'r un disgybl ar ddeg (heb Jwdas).

Mae'r cymysgedd hwn yn gwneud chwe theisen fach. Dyma i chi anrheg berffaith ar gyfer y Pasg ond, cofiwch gadw un ar eich cyfer chi'ch hunan.

Simnel cake

Easter is an important time of year; it's a time for celebration and a time for families. The Simnel cake is a light fruit cake with a layer of marzipan paste in the middle. The cake would have been cooked for the Sunday in the middle of the 40 days of Lent, i.e. Mothering Sunday, and the fasting would have been relaxed slightly for the day. Usually we decorate a Simnel cake with eleven marzipan balls to represent the eleven disciples (minus Judas).

This mixture makes six small cakes and they're great as Easter gifts, but do remember to keep one for yourself.

Teisen Simnel

Cynhwysion

115g o fenyn
115g o siwgr mân euraidd
2 wy mawr
125g o flawd codi
225g o ffrwythau sych cymysg
75g o geirios glacé
500g o farsipán
1 llwy de o nutmeg
1 llwy de o sinamon
1 llwy de o sinsir wedi sychu
ychydig o jam bricyll er mwyn glynu'r
marsipán ar ben y teisennau

Dull

Cynheswch y ffwrn i 150°C / 300°F / Nwy 2-3.

Leiniwch waelod ac ochrau 6 thun ffa pob bach glân â phapur pobi gwrthlud. Hufennwch y menyn a'r siwgr ac ychwanegwch yr wyau gan bwyll. Plygwch y blawd i'r cymysgedd yn araf cyn ychwanegu'r ffrwythau i gyd.

Cymerwch hanner y marsipán a'i rannu'n chwech pelen fach, yna roliwch bob pelen allan i greu cylchoedd fydd yn ffitio'r tuniau, gan ofalu eu bod oddeutu 6mm o drwch bob un. Rhannwch hanner y cymysgedd rhwng y 6 thun a gosodwch y cylchoedd marsipán ar ben y cymysgedd cyn arllwys y gweddill i'r tuniau.

Pobwch am tua awr neu nes bod sgiwer yn dod allan yn lân wedi iddo gael ei wthio i ganol y teisennau. Gadewch iddynt oeri yn y tuniau am 15 munud cyn eu tynnu o'r tuniau a'u gadael i oeri ar resel weiren.

Rholiwch 6 phelen marsipán arall allan i'w gosod ar ben y teisennau (gan gadw digon o farsipán naill ochr i wneud 11 pelen fach allan ar gyfer addurno'r teisennau). Taenwch y jam bricyll dros y teisennau cyn gosod y cylchoedd marsipán arnynt. Yna gan ddefnyddio'r jam eto, gosodwch yr 11 pêl farsipán o gwmpas ymyl y teisennau.

TIP: Gellir defnyddio sbeis cymysg yn lle'r tri sbeis unigol. Cofiwch dynnu dau ben y tuniau ffa pob er mwyn cael y deisen allan yn rhwydd.

TIP: You can use mixed spice instead of the three separate spices. Don't forget to remove both ends of the tins in order to turn the cakes out easily.

Simnel cake

Ingredients

115g butter
115g golden caster sugar
2 large eggs
125g self-raising flour
225g mixed dried fruit
75g glacé cherries
500g marzipan
1 tsp nutmeg
1 tsp cinnamon
1 tsp dried ginger
some apricot jam for sticking the
marzipan on the top of the cakes

Method

Preheat the oven to 150°C / 300°F / Gas 2–3.

Line the base and sides of 6 clean small baked bean tins with non-stick baking paper. Cream the butter and sugar and add the eggs a little at a time. Fold in the flour slowly before adding all the fruit.

Take half the marzipan and divide into 6 pieces to make little balls, then roll them out into rounds the size of the tins making sure that they are about 6mm thick. Divide half the cake mixture between the 6 tins and lay the rounds of marzipan on top before adding the rest of the mixture.

Bake for about 1 hour or until a skewer comes out clean when inserted into the centre of the cakes. Leave to cool in the tin for 15 minutes before removing and cooling on a wire rack.

Roll out 6 more rounds of marzipan to place on top of the cakes (keeping enough marzipan to one side so that you can make 11 balls for each cake). Use the apricot jam to spread over the cakes before placing the marzipan onto the surface. Then, using the apricot jam again, arrange the 11 marzipan balls around the edge of the cakes.

haf

SUMMER

Amser i fod tu allan yw'r haf – neu dyna ry'n ni'n ei obeithio bob blwyddyn ta beth. Picnics, priodasau, ffeiriau bwyd a sioeau amaeth, blodau a chynnyrch ffres o'r ardd. Y cyfan yn hynod hyfryd a'r dyddiau'n hir a golau.

Rydw i mor hoff o'r ardd yn y tymor hwn achos daw casgliad newydd o gynhwysion a blasau i ni eu mwynhau. Mae natur fel petai'n ffrwydro a rhaid manteisio ar yr holl faeth ac amrywiaeth a ddaw o'i chwpwrdd hi.

Cofiwch, dyma'r adeg pan fo bwydydd lleol ar eu gorau ac yn rhatach i'w prynu wrth reswm. Mae'n gyfle i gefnogi'r cynhyrchwyr yn eich milltir sgwâr. Mae tywydd twym yn gofyn am ryseitiau syml, hafaidd, a dyna a gewch chi yn yr adran hon. Amser perffaith i bacio bwyd ar gyfer bwyta yn yr awyr agored neu i danio'r barbeciw.

The summer is a time to be outside – or at least, that's what we hope every year. Picnics, weddings, food fairs and agricultural shows, flowers and fresh produce from the garden. It's all very lovely and the days are long and light.

I love the garden during this season because there's a new collection of produce and tastes to enjoy. Nature appears to explode and we must take advantage of the nutritious abundance and variation that comes from her cupboard.

Remember, this is the time when local produce is at its best and is often cheaper to buy. It's a chance to support producers in your own backyard. The warm weather begs for simple summer recipes, and this is what you get in this section. It's the perfect time to eat *al fresco* and to fire up the barbeque.

bwydlen MEALS

Salad swfflé syml	Easy soufflé salad
Pastai llysiau a chaws ffeta	Vegetable and feta cheese pie
Cwpanau cyw iâr a mango	Chicken and mango cups
Pwdin parti	Party pudding
Cacen gaws mefus	Strawberry cheesecake
Teisen mefus a chnau pistasio	Strawberry and pistachio cake
Sgwariau llus a lemwn	Blueberry and lemon squares
Churros gyda chompot llus	Churros with blueberry compote

Salad swfflé syml

Dyma rysáit sydd damed bach yn fwy heriol na'r arfer, serch hynny, mae'n dipyn symlach na chreu swfflé traddodiadol sy'n gallu syrthio'n fflat! Rwy'n cofio trefnu swper moethus ar gyfer ffrindiau ac roedd swfflé i fod ar gyfer y cwrs cyntaf. Roedd pawb yn edrych 'mlaen; wel, pa mor aml mae rhywun yn bwyta swfflé? Pan oedd y swfflé yn barod fe alwais i bawb at y bwrdd, ond ar y funud ola daeth galwad ffôn annisgwyl ... roedd pawb wrth y bwrdd a minnau ar ganol sgwrs. Ar ôl deng munud agorais ddrws y ffwrn ac roedd y swfflé yn fflat! Roedd e fel pancosen – a wynebau fy ngwesteion yr un mor fflat. Beth nawr? Dyma fi'n penderfynu y gallwn droi'r llanast yn wledd drwy ailgoginio'r swfflé gyda hufen ar ei wyneb, ei osod o dan y gril, a chreu salad i gyd-fynd ag e. Fe allwch chi baratoi'r pryd hwn 'mlaen llaw a'i gynhesu pan fyddwch yn barod i fwyta ... ac osgoi siom swfflé fflat. Mae'n gwneud digon i 4.

Easy soufflé salad

This recipe is a little more challenging than usual, but even so, it's much simpler than making a traditional soufflé when that goes wrong and comes out flat! I remember organising a sumptuous supper for friends and there was a soufflé for the first course. Everybody was really looking forward to it; well, how often do you have soufflé for supper? I called everybody to the table when the soufflé was ready, *but* at the last minute the phone rang ... everybody was waiting and there I was in mid-conversation. After ten minutes I opened the oven door and the soufflé was flat! It was like a pancake – and my guests' faces were just as flat. What now? I decided I could turn disaster into triumph – I re-cooked the soufflé with cream on top, put it under the grill and made a salad to complement it. You can prepare this meal ahead of time and heat it up when you're ready to eat... thereby avoiding the disappointment of a flat soufflé. Makes enough for 4.

Salad swfflé syml

Cynhwysion

Ar gyfer y swfflé:
50g o fenyn
50g o flawd plaen
175ml o laeth
1 llwy de o fwstard
1 llwy fwrdd o gennin syfi wedi'u torri'n fân
2 wy
100g o gaws gafr wedi'i friwsioni

Ar gyfer y sglein i'r swfflé:
75ml o hufen
110g o gaws (naill ai caws Parmesan neu gaws Cymreig sy'n gratio'n dda)
1 melynwy

Ar gyfer y salad:
1 pecyn o ddail salad wedi'u paratoi'n barod
1 afal coch wedi'i sleisio
1 llwy de o finegr gwin coch
1 llwy fwrdd o olew olewydd
25g o gnau Ffrengig

TIP: Y tip yw'r rysáit ei hun y tro hwn, sut i achub swfflé fflat. Fydd neb yn gwybod!

Dull

Cynheswch y ffwrn i 200°C / 400°F / Nwy 6.

Irwch 4 dysgl ramecin 150ml (¼ peint).

Toddwch y menyn mewn sosban ac ychwanegwch y blawd gan eu cymysgu'n dda am ychydig funudau i ffurfio roux. Ychwanegwch y llaeth yn araf a'i gymysgu'n dda i greu saws trwchus.

Mewn dwy bowlen, gwahanwch y gwynwy oddi wrth felynwy'r ddau wy. Arllwyswch y cymysgedd i bowlen ac ychwanegwch y mwstard, y cennin syfi, y ddau felynwy a'r caws. Ychwanegwch halen a phupur a gadewch i'r cymysgedd oeri ychydig.

Chwisgiwch y gwynwyau nes eu bod yn bigau stiff ac ychwanegwch ychydig i'r cymysgedd er mwyn ei ryddhau ychydig bach cyn ychwanegu gweddill y gwynwy.

Rhannwch y cymysgedd yn gyfartal rhwng y 4 dysgl ramecin.

Arllwyswch ddŵr twym i mewn i dun rhostio cyn gosod y dysglau ramecin ynddo.

Pobwch am 20–25 munud, yna gadewch i oeri ryw ychydig.

Trowch allan ar fwrdd pobi wedi'i leinio â phapur gwrthsaim.

Cymysgwch y cynhwysion ar gyfer y sglein gyda'i gilydd, ei daenu dros y swfflés ac yna'u pobi am 10 munud arall.

Cymysgwch y cynhwysion salad gyda'i gilydd, ei rannu rhwng 4 plât, a'i weini gyda'r swfflé.

Easy soufflé salad

Ingredients

For the soufflé:
50g butter
50g plain flour
175ml milk
1 tsp mustard
1 tbsp chopped chives
2 eggs
100g goat's cheese, crumbled

The shine for the soufflé:
75ml cream
110g cheese (either a Parmesan or a
Welsh cheese that grates well)
1 egg yolk

For the salad:
1 packet ready-prepared salad leaves
1 red apple, sliced
1 tsp red wine vinegar
1 tbsp olive oil
25g walnuts

TIP: The tip is the recipe itself –
how to rescue a soufflé that's gone
flat. Nobody will ever know!

Method

Preheat the oven to
200°C / 400°F / Gas 6.

Grease 4 150ml (¼pt)
ramekin dishes.

Melt the butter in a
saucepan and add the flour, mixing well for a few minutes to form a roux.
Add your milk slowly and mix well to create a thick sauce.

Using two bowls, separate the egg whites from the yolks. Pour the mixture
into a bowl and add the mustard, chives, the two egg yolks and the cheese.
Add some seasoning and allow to cool slightly.

Whisk the egg whites into stiff peaks and add a little to the mixture to
loosen it a little before adding the remaining whisked egg white.

Divide the mixture equally between the 4 ramekin dishes.

Pour some hot water into a roasting tin and place the ramekin dishes in
the water.

Bake for 20–25 minutes then allow to cool slightly.

Turn out onto a baking tray lined with greaseproof paper.

Mix the ingredients for the shine together and spoon over the soufflés.
Bake for a further 10 minutes.

Mix the salad ingredients together, divide between 4 plates, and serve
with the soufflé.

Pastai llysiau a chaws ffeta

I sir Gâr yr awn ni am gaws y tro hwn. Ry'n ni'n ffodus iawn bod cwmni caws gafr Talley Valley wedi bod yn arbrofi gyda blasau gwahanol cyffrous ac yn creu caws ffeta allan o laeth gafr. Rwy'n cofio mai'r tro cyntaf i fi flasu caws ffeta oedd mewn tŷ bwyta Groegaidd, galla i flasu'r caws hallt hyfryd o hyd. Dwi wedi dwlu ar gaws ffeta am ei fod mor wahanol i gawsiau eraill. Dyma i chi rysáit i'w mwynhau gyda theulu neu ffrindiau yn ystod dyddiau hir yr haf.

Vegetable and feta cheese pie

We're off to Carmarthenshire for cheese this time. We're extremely fortunate that Talley Valley produces goat's cheese and experiments with different and exciting flavours – they make feta cheese from goat's milk. I remember that the first time I tasted feta cheese was in a Greek restaurant, and I can still taste its lovely saltiness. I adore feta cheese because it tastes so different from other cheeses. Here's a recipe to enjoy with family and friends on a get-together during the long days of summer.

Pastai llysiau a chaws ffeta

Cynhwysion

½ llwy fwrdd o olew olewydd
110g o does filo wedi'i rolio'n barod
500g o sbigoglys wedi rhewi
½ pot o domatos heulsych
150g o petit pois
1 llwy de o oregano wedi'i sychu
50g o gnau pin
150g o gaws ffeta Talley wedi'i friwsioni
3 wy
llond llaw o hadau pabi i addurno

TIP: Gallwch ychwanegu ham wedi'i dorri'n ddarnau at y cymysgedd er mwyn rhoi blas gwahanol iddo.

Dull

Cynheswch y ffwrn i 200°C / 400°F / Nwy 6.

Brwsiwch dun teisen 20cm hirsgwar sydd â gwaelod rhydd ag ychydig o olew. Rhowch 3 haenen o does filo yn y tun i ffurfio casyn toes.

Gwasgwch unrhyw ddŵr allan o'r sbigoglys a'i osod mewn powlen.

Malwch y tomatos heulsych a'u hychwanegu at y sbigoglys gyda'r petit pois, yr oregano, y cnau a'r caws.

Chwisgiwch yr wyau a'u hychwanegu at y cymysgedd gyda halen a phupur.

Rhowch lwyeidiau o'r cymysgedd yn y casyn toes, yna plygwch y toes filo drosodd. Gosodwch y 3 haen o does filo sy'n weddill ar ben y pastai gan sgrwnsio'r toes i ffitio'r tun.

Brwsiwch ag olew ac ysgeintiwch â hadau.

Pobwch am 35-40 munud nes ei fod yn euraidd.

Vegetable and feta cheese pie

Ingredients

½ tbsp olive oil
110g ready-rolled filo pastry
500g frozen spinach
½ pot sundried tomatoes
150g petit pois
1 tsp dried oregano
50g pine nuts
150g crumbled Talley Valley feta
3 eggs
a handful of poppy seeds to decorate

TIP: You could add some chopped ham to the mixture to give an alternative taste.

Method

Preheat the oven to 200°C / 400°F / Gas 6.

Brush a 20cm loose-base rectangular cake tin with a little oil. Layer 3 sheets of filo pastry in the tin to form a pastry case.

Squeeze any excess water out of the spinach and place in a bowl.

Chop the sundried tomatoes and add to the spinach with the petit pois, the oregano, the nuts and cheese.

Whisk the eggs and add to the mixture with the seasoning.

Spoon into the pastry case then fold the filo pastry over. Top with the remaining 3 sheets of the filo, scrunching the pastry to fit the tin. Brush with oil and sprinkle with seeds.

Bake for 35–40 minutes until golden.

Cwpanau cyw iâr a mango

Beth am fanteisio ar dywydd godidog mis Gorffennaf a mentro allan i'r awyr iach ar gyfer picnic? Cyfrinach picnic da yw meddwl sut i gludo'r bwyd mewn ffordd addas er mwyn iddo gyrraedd yn dal i edrych yn flasus ac apelgar. Mae'r cwpanau cyw iâr yma'n ffordd ddelfrydol o gludo bwyd; digon i un sydd ym mhob cwpan – perffaith. Mae sbeisiau cynnes, dresin iogwrt ysgafn a thafelli mango yn gwneud fersiwn cyfoes iawn o *coronation chicken*. A chofiwch, mae pawb yn magu mwy o archwaeth am fwyd tu fas, felly paciwch y fasged bicnic yn llawn dop!

Chicken and mango cups

How about making hay while the sun shines during July and going for a picinc *al fresco*? The secret to a good picnic is thinking about how to transport the food in an appropriate way without it arriving looking like a dog's dinner. These chicken and mango cups are an ideal way of carrying food and there's enough for one in each cup – perfect. The warm spices, the light yogurt dressing and the mango slices make this a very modern version of coronation chicken. And remember, everybody gets ravenous in the fresh air, so don't forget to pack the picnic basket full to bursting!

Cwpanau cyw iâr a mango

Cynhwysion

1 llwy fwrdd o olew
1 winwnsyn wedi'i dorri'n fân
2 lwy de o bowdr cyrri
1 ewin garlleg wedi'i falu
1 llwy de o siwgr brown
1 llwy fwrdd o siytni mango
200g o iogwrt naturiol
sudd leim, a darnau leim i'w defnyddio
fel addurn
¼ llwy de o baprica
500g o gyw iâr wedi'i goginio'n barod a'i
dorri'n stribeidi
1 mango ffres wedi'i blicio a'i dorri'n
giwbiau
50g o almonau wedi'u fflawio a'u tostio
gemletysen i weini

TIP: Gallwch ddefnyddio twrci
wedi'i goginio yn lle cyw iâr.

Dull

Cynheswch yr olew mewn ffrimpan fawr a ffrïwch yr winwnsyn nes ei fod
yn euraidd. Ychwanegwch y powdr cyrri a'r garlleg a choginiwch am funud
arall. Ychwanegwch y siwgr a rhowch y cymysgedd o'r neilltu i oeri.

Oddi ar y gwres, cyfunwch y cymysgedd gyda'r siytni, yr iogwrt, y leim a'r
paprica.

Ychwanegwch y cyw iâr, y mango a pheth halen a phupur a rhowch
lwyeidiau o'r cymysgedd yn y dail letys sy'n edrych fel cychod bychain.

Ysgeintiwch y cnau almon drosto a'i weini ynghyd â darnau leim.

Chicken and mango cups

Ingredients

1 tbsp oil
1 chopped onion
2 tsp curry powder
1 clove garlic, crushed
1 tsp brown sugar
1 tbsp mango chutney
200g natural yogurt
lime juice and a lime for decoration
¼ tsp paprika
500g cooked chicken, torn into strips
1 fresh mango, peeled and chopped into
cubes
50g flaked toasted almonds
little gem lettuce to serve

TIP: You can use cooked turkey
instead of chicken.

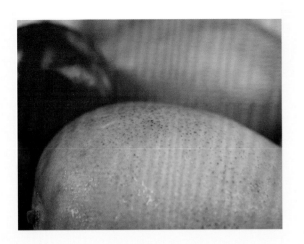

Method

Heat the oil in a large frying pan and cook the onion until golden. Add the
curry powder and garlic and cook for a further minute. Add the sugar and
set aside to cool.

Off the heat, combine the mixture with chutney, yogurt, lime and paprika.

Add the chicken and mango, season, and spoon the mixture into the
lettuce leaves that look like little boats.

Sprinkle the flaked almonds over the top and serve with lime wedges

Pwdin parti

Gan fod y blodyn ysgawen ar ei anterth ar ddechrau'r haf, a llwyni Goedwig yn garped o flodau gwyn hufennog, ewynnog, mae'n gam naturiol i fi i greu cordial o'r blodyn persawrus hwn. Weithiau rwy'n teimlo 'mod i fel wiwer yn casglu cynnyrch o'r cloddiau! Mi fydda i'n creu cordial bob blwyddyn – galwyni o'r ddiod aur – a phob blwyddyn rwy'n diolch ein bod ni'n byw mewn ardal mor doreithiog o ran cynnyrch natur. Mae cordial ysgawen yn dda i'w ddefnyddio mewn sawl rysáit, ac wrth gwrs mae'n gwneud pop posh hefyd!

Party pudding

The elderflower is at the height of its beauty at the beginning of summer and the hedges at Goedwig are a veritable carpet of frothy creamy-white flowers. It's totally natural that I should make cordial from this highly perfumed flower. Sometimes I feel a bit like a squirrel with all my foraging from the hedgerows! I make cordial every year – gallons of the golden drink – and every year I'm thankful for nature's bounty in our neck of the woods. Elderflower cordial is good to use in lots of recipes and of course it makes exceedingly posh pop!

Pwdin parti

Cynhwysion

75g o flawd bara gwyn cryf
50g o fenyn wedi'i dorri'n giwbiau bach
150ml o ddŵr oer
2 wy wedi'u curo
25g o almonau wedi'u fflawio

Ar gyfer llenwad:
150g o fricyll sych parod i'w bwyta
150ml o ddŵr oer
1 llwy fwrdd o fêl
tua llwyaid fwrdd o gordial blodau ysgaw
300ml o hufen dwbl
siwgr eisin i addurno

TIP: Gallwch ddefnyddio
bricyll mewn tun hefyd ar
gyfer y rysáit hon.

Dull

Cynheswch y popty i 200°C / 400°F / Nwy 6.

Leiniwch fwrdd pobi â phapur pobi a thynnwch lun cylch 20cm ar y papur. Trowch y papur drosodd.

Hidlwch y blawd i mewn i bowlen.

Rhowch y menyn mewn sosban gyda 150ml o ddŵr oer a phinsiaid o halen. Cynheswch nes i'r menyn doddi, yna berwch y cymysgedd yn egnïol a thrylwyr. Tynnwch oddi ar y gwres yn syth ac ychwanegwch y blawd gan guro'n dda â llwy bren i ffurfio pelen does.

Gosodwch y toes mewn powlen a'i adael i oeri am tua 15 munud. Ychwanegwch yr wyau'n raddol gan guro â llwy bren.

Rhowch y cymysgedd mewn bag peipio a gwnewch siâp cylch ar y papur gan ddilyn ôl y cylch. Ysgeintiwch â'r cnau almon.

Pobwch am 35 munud nes ei fod wedi cynyddu mewn maint ac yn lliw euraidd. Gwnewch dyllau bychain o amgylch gwaelod y cylch toes a dychwelwch ef i'r ffwrn am 5 munud cyn ei dynnu allan eto a'i osod o'r neilltu i oeri.

Mudferwch y bricyll mewn 150ml o ddŵr oer mewn sosban a chlawr arni am 15 munud. Draeniwch y bricyll a chadwch yr hylif. Gan ddefnyddio cymysgydd, proseswch y bricyll gyda'r mêl a'r cordial a pheth o hylif y bricyll.

Chwipiwch yr hufen a phlygwch y purée i mewn iddo.

Holltwch y cylch a'i lenwi â'r cymysgedd hufen. Rhowch hanner top y cylch yn ei ôl ac ysgeintiwch y siwgr eisin drosto.

Party pudding

Ingredients

75g strong white bread flour
50g butter, cut into small cubes
150ml cold water
2 eggs, beaten
25g flaked almonds

For the filling:
150g ready-to-eat dried apricots
150ml cold water
1tbsp honey
about a tablespoon of elderflower cordial
300ml double cream
icing sugar to dust

Method

Preheat the oven to 200°C / 400°F / Gas 6.

Line a baking tray with baking paper and draw a 20cm circle on the paper. Turn the paper over.

Sift the flour into a bowl.

Put the butter in a pan with 150ml of cold water and a pinch of salt. Heat until the butter melts, then bring to a full rolling boil. Remove from the heat immediately, adding the flour and beating well with a wooden spoon to form a ball of dough.

Place the dough into a bowl and leave to cool for about 15 minutes. Gradually add the eggs, beating with a wooden spoon.

Put the mixture into a piping bag and pipe a ring on the paper following the pencil outline. Sprinkle with flaked almonds.

Bake for 35 minutes until puffed and golden. Make small holes around the base and return to oven for 5 minutes before removing again and setting aside to cool.

Simmer the apricots with 150ml water in a covered pan for 15 minutes. Drain and keep the liquid. Using a blender process the apricots with the honey and cordial and some of the apricot liquid.

Whip the cream and fold in the purée.

Split the ring and fill with the cream mixture. Replace the top half of the circle and dust with icing sugar.

TIP: Tinned apricots work just as well for this recipe.

Cacen gaws mefus

Mae'r rysáit nesaf yn cynnwys mefus, ac i fi, mis Mehefin yw mis y mefus heb amheuaeth. Jam, jeli, pwdinau a diodydd; pob math o bethau blasus i'ch atgoffa chi pa mor wych yw'r haf. Does dim ond rhaid ychwanegu tamed o siwgr i greu blas hyfryd i bowlen o fefus. Beth am ategu at y blas drwy ychwanegu finegr balsamig, tsili, pupur du neu leim – mae pob un o'r rhain yn tynnu blas arbennig mas o'r mefus – ond ddim i gyd ar yr un pryd efallai! Fy ffefryn i yn gwmni i fefus bob tro yw hufen, a digon ohono wrth gwrs.

Cynhwysion

100g o fisgedi sinsir
100g o fisgedi digestive
1 tun o laeth cyddwysedig
300g o gaws meddal braster llawn
sudd a chroen 2 lemwn
1 bocsaid o fefus
2 lwyaid bwrdd o jam mefus
dail mintys i addurno

TIP: Gellir defnyddio'r rysáit hon fel sylfaen ar gyfer amrywiaeth o ffrwythau tymhorol.

TIP: You can use this recipe as the basis for use with a variety of seasonal fruit accompaniments.

Dull

Toddwch y menyn. Malwch y bisgedi a'u hychwanegu at y menyn toddedig.

Leiniwch dun teisen crwn 20cm sydd â sbring ar yr ochr, neu dun teisen arferol, a gwasgwch y cymysgedd i'w waelod. Gadewch iddo oeri.

Chwisgiwch y llaeth cyddwysedig a'r caws meddal gyda'i gilydd. Ychwanegwch sudd a chroen y ddau lemwn a gwyliwch y cymysgedd yn tewhau fel hud a lledrith.

Arllwyswch y cymysgedd dros y sylfaen bisgedi ac oerwch y cyfan am 2 awr arall yn yr oergell. Tynnwch y gacen allan o'r tun.

Torrwch eich mefus a'u cymysgu gyda jam mefus, yna arllwys y cyfan dros ben y gacen gaws. Addurnwch ag ychydig o ddail mintys.

This next recipe includes strawberries, and for me, June is undeniably the month for strawberries. Jams, jellies, puddings and drinks; there are all kinds of tasty treats to remind you how wonderful summer is. And you only have to add a little sugar to zing up a bowl of strawberries. How about adding to the strawberry flavour by using balsamic vinegar, chilli, black cracked pepper or lime; all of these ingredients give the humble strawberry an extra something – though maybe not all together! But my favourite accompaniment with strawberries is cream every time and lashings of it.

Ingredients

100g ginger biscuits
100g digestive biscuits
1 tin condensed milk
300g full fat soft cheese
juice and zest of 2 lemons
1 punnet strawberries
2 tbsp strawberry jam
mint leaves to decorate

Strawberry cheesecake

Method

Melt the butter. Crush the biscuits before adding them to the melted butter.

Press the mixture into the base of a 20cm round spring-form lined cake tin, or a basic cake tin, and allow to chill.

Whisk the condensed milk and soft cheese together. Add the juice and the zest of the 2 lemons and watch it magically thicken.

Pour the mixture over the chilled biscuit base and chill for a further 2 hours in the fridge. Remove from the tin.

Chop your strawberries and mix with the strawberry jam before pouring over the top of the cheesecake. Decorate with a few leaves of mint.

Teisen mefus a chnau pistasio

Does dim byd yn well na chasglu'ch mefus eich hunan a pharatoi rhywbeth gyda nhw wedyn ar ôl cyrraedd adre – rwy'n credu eich bod chi wir yn gallu blasu'r haul arnyn nhw, achos ychydig oriau ynghynt roedd y ffrwythau bach coch yn torheulo mewn cae yn rhywle. Pan o'n i a'm chwaer yn blant, byddai cael ein gadael yn rhydd mewn cae o fefus yn nefoedd ar y ddaear a byddai'n hwynebau coch stecslyd yn tystio i'r ffaith ein bod ni wedi cael diwrnod i'r brenin. Mae digonedd o lefydd yng Nghymru ble gallwch chi fynd i gasglu mefus yn lleol. Gallwch dreulio prynhawn heulog mas yn llenwi basgedi di-ri, ac yna wedi dychwelyd adre bydd angen bwrw iddi i wneud y defnydd gorau o'r cynnyrch gogoneddus. Mae'n damed bach o hwyl a sbri, ac wrth gwrs mae'n rhaid blasu peth o'r cynnyrch tra'ch bod chi yno, i wneud yn siŵr bod yr ansawdd yn dda! Pwyll piau hi, cofiwch, dy'ch chi ddim ishe bod yn dost achos eich bod chi wedi byta gormod. Dyma i chi rysáit sy'n siŵr o ddod â'r haf i'ch bwrdd chi.

Strawberry and pistachio cake

There's nothing better than picking your own strawberries and preparing something with them when you get home – I think you can really taste the sun on them, because a few hours earlier, the little red fruit were basking in sunshine in a field somewhere. When my sister and I were children it was heaven to be let loose in a strawberry field, and our red sticky faces would be testament to the fact that we'd had a high old time. There are plenty of places in Wales where you can collect strawberries. You can spend a sunny afternoon filling umpteen baskets before returning home and setting about making the best use of this glorious produce. It's a little bit of fun, and of course you're duty bound to do some tasting in the meantime, a little bit of quality control! Steady on though, you don't want to have tummy ache from eating too many. This recipe will certainly bring the summer to your table.

Teisen mefus a chnau pistasio

Cynhwysion

200g o gnau pistasio
275g o siwgr mân
3 wy
275g o flawd codi
1 pot bach o iogwrt mefus
ychydig o laeth

Ar gyfer yr eisin:
200g o fenyn
300g o siwgr eisin
300g o fefus
1 llwy de o rinflas fanila

Dull

Cynheswch y ffwrn i 180°C / 350°F / Nwy 4.

Leiniwch dun sgwâr 20cm â phapur pobi.

Rhowch 150g o'r cnau pistasio mewn prosesydd bwyd gyda hanner siwgr. Malwch nes eu bod yn fân iawn. Arllwyswch i bowlen fawr ac ychwanegwch weddill y siwgr.

Curwch y menyn nes ei fod yn ysgafn a hufennog. Yna curwch yr wyau i mewn cyn ychwanegu'r blawd a'r iogwrt a churo nes bod y cyfan yn llyfn. Ychwanegwch ychydig o laeth at y gymysgedd os oes angen.

Arllwyswch y cymysgedd i'r tun a gwastatáu'r wyneb. Pobwch am 45–50 munud nes bod sgiwer wedi'i wthio i mewn i'r deisen yn dod allan yn lân.

Trowch y deisen allan ar resel weiren a thynnwch y papur. Gadewch i oeri.

I wneud yr eisin:
Curwch y menyn nes ei fod yn wyn, yna curwch y siwgr eisin i'r cymysgedd a'r rhinflas fanila. Ychwanegwch 4 mefusen a churwch y cymysgedd nes bod y mefus yn malu'n slwtsh. Gorchuddiwch ochrau a thop y deisen â'r eisin.

Malwch weddill y cnau pistasios yn fân iawn a gwasgwch nhw o gwmpas ymyl y deisen.

Torrwch y mefus yn dafelli a'u gosod mewn rhesi ar ben y deisen, ynghyd ag ysgeintiad o gnau pistasio.

TIP: Gallwch ddefnyddio cnau almon wedi'u torri a'u lliwio'n wyrdd os nad oes gennych gnau pistasio. A gellir troi ychydig o jam mefus i mewn i'r eisin menyn yn hytrach na mefus ffres.

Strawberry and pistachio cake

Ingredients

200g pistachios
275g caster sugar
3 eggs
275g self-raising flour
1 small pot of strawberry yogurt
a little milk

For the strawberry icing:
200g butter
300g icing sugar
300g strawberries
1tsp vanilla extract
a little milk

Method

Preheat the oven to 180°C / 350°F / Gas 4.

Line a 20cm square tin with baking paper.

Put 150g of the pistachios into a food processor with half the sugar. Blitz this until very finely chopped. Tip into a large bowl and add the remaining sugar.

Beat in the butter until light and creamy. Beat in the eggs first, then add the flour and yogurt and beat until smooth. Add a splash of milk if the mixture needs it.

Spoon the mixture into the tin and level the top. Bake for 45–50 minutes until a skewer pushed into the cake comes out clean. Turn the cake out onto a cooling rack and remove the paper. Leave to cool.

To make the icing:
Beat the butter until white, then beat in the icing sugar and vanilla extract. Add 4 strawberries and beat the mixture until the strawberries mash into a pulp. Cover the top and sides of the cake with the icing.

Blitz the remaining pistachios until fine and press them around the edge of the cake.

Slice the strawberries and lay in rows on the top of the cake along with a sprinkling of pistachios.

TIP: You can use nibbed almonds and colour them green if you have no pistachios. And it's fine to use strawberry jam instead of fresh strawberries in the butter icing.

Sgwariau llus a lemwn

Rwy'n ffan mawr o deisen lemon, does dim i'w churo hi. Rhywbeth i'w wneud â surni'r lemwn a melyster y deisen, ynghyd â phaned o de arbennig o dda siŵr o fod. Yn ôl yr ystadegau dyma'r deisen fwyaf poblogaidd i'w gael gyda'ch paned, sy'n ardderchog. Yn dydyn ni'n bobl ddeallus a chraff gwedwch? Felly, er mwyn diwallu ein chwant am deisen lemwn, y tro hwn rwyf wedi newid peth ar y cynnwys drwy ychwanegu llus, sy'n gwneud y rysáit yn fwy llaith a hyd yn oed yn fwy blasus, os yw hynny'n bosibl!

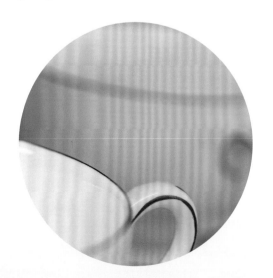

Blueberry and lemon squares

I'm a big fan of lemon cake; there's nothing to beat it. It's something to do with the sharpness of the lemon and the sweetness of the cake, combined with a super cup of tea probably. According to statistics, lemon cake is the most popular cake to have with your cuppa; what a discerning lot we are! So, in order to satisfy our hunger for lemon cake, this time I've changed the ingredients a little and added blueberries, which makes the recipe more moist and even tastier, if that's at all possible!

Sgwariau llus a lemwn

Cynhwysion

250g o flawd codi
1 llwy de o bowdr pobi
225g o siwgr mân euraidd
4 wy mawr
225g o fenyn (wedi'i feddalu)
3 llwy fwrdd o laeth
croen 2 lemwn wedi'u gratio
250g o lus

Ar gyfer yr eisin:
sudd 1 lemwn
100g o siwgr eisin

Ar gyfer y syrop:
sudd 1 lemwn
1 llwy fwrdd o siwgr mân

Dull

Cynheswch y ffwrn i 170°C / 325°F / Nwy 3.

Leiniwch dun pobi dwfn tun 30cm x 25cm â phapur pobi.

Rhowch y cynhwysion sych mewn powlen fawr a gwnewch bydew yn y canol. Ychwanegwch yr wyau, y menyn, y llaeth a chroen y lemwn. Curwch â chymysgydd llaw trydanol nes bod y cymysgedd yn llyfn ac wedi'i gyfuno'n dda. Ychwanegwch y llus a'u cymysgu â llwy.

Arllwyswch y cymysgedd i mewn i'r tun a phobwch yn y ffwrn am 35 munud nes ei fod yn euraidd ac wedi codi. Trowch allan ar resel weiren.

Cynheswch y sudd lemwn a'r siwgr yn araf mewn sosban fach hyd nes i'r siwgr doddi.

Gwnewch dyllau dros wyneb y deisen ac arllwyswch y syrop drosti nes ei fod wedi cael ei amsugno gan y deisen. Gadewch i oeri.

Cymysgwch y sudd lemwn gyda'r siwgr eisin a'i ddiferu dros y deisen.

Gadewch i setio cyn ei dorri'n sgwariau.

TIP: Rholiwch y lemwn yn galed ar y bwrdd cyn ei dorri er mwyn cael mwy o sudd ohono, neu rhowch y lemwn yn y popty ping – am eiliadau yn unig cofiwch – mae lemwn cynnes yn rhyddhau mwy o sudd.

Blueberry and lemon squares

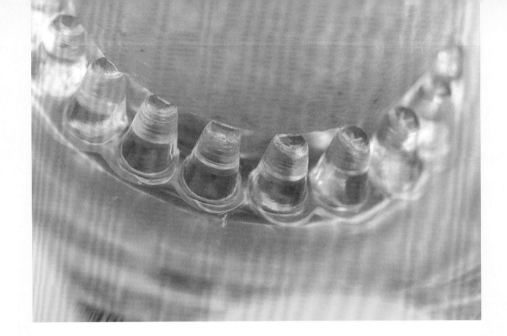

Ingredients

250g self-raising flour
1 tsp baking powder
225g golden caster sugar
4 large eggs
225g butter (softened)
3 tbsp milk
grated zest of 2 lemons
250g blueberries

For the icing:
juice of 1 lemon
100g icing sugar

For the syrup:
juice of 1 lemon
1 tbsp caster sugar

TIP: Roll the lemons hard on the chopping board to encourage more juice, or pop the lemon into the microwave for a few seconds; a warm lemon releases more juice.

Method

Preheat the oven to 170°C / 325°F / Gas 3.

Line a deep 30cm x 25cm baking tray with baking paper.

Put the dry ingredients in a large bowl and make a well in the middle. Add the eggs, butter, milk and lemon zest. Beat with an electric hand mixer until smooth and well combined. Add berries, mix in with a spoon.

Pour the mixture into the tin and bake in the oven for 35 minutes until golden brown and risen. Turn out onto a wire rack.

Gently heat the lemon juice and sugar in a small pan until the sugar dissolves.

Pierce the surface of the cake and pour the syrup over it so that it soaks into the cake. Leave to cool.

Mix the lemon juice with the icing sugar and drizzle over the cake.

Leave to set before cutting into squares.

Churros gyda chompot llus

Efallai nad ydych yn gyfarwydd â'r rysáit hon gan mai rysáit sydd yn boblogaidd yn America ydyw yn y bôn. Gwelir y melysfwyd yma yn aml yn cael ei goginio a'i werthu ar gorneli strydoedd yno fel cludfwyd. Mae'r churros yn fwyd poblogaidd mewn ffeiriau am ei fod yn hawdd ei fwyta â'r bysedd – dyma rywbeth i'w fwynhau wrth gerdded o gwmpas gan ryfeddu at y reidiau gwallgo a'r campau lliwgar sy'n siŵr o ddigwydd mewn ffair. Ond does dim rhaid i chi fod yng nghanol bwrlwm ffair i fwynhau'r byrbryd hwn – ewch â pheth gyda chi ar eich picnic, neu beth am frecwast hamddenol gyda phaned o goffi da? Gallwch ddefnyddio unrhyw ffrwyth ar gyfer y compot, neu hyd yn oed saws siocled – neu'r ddau ar yr un pryd, gan fod siocled a ffrwyth yn mynd yn hyfryd gyda'i gilydd.

Churros with blueberry compote

You may not be familiar with this recipe as it's more popular in America than anywhere else. Often this sweet food is prepared and sold on street corners as a takeaway food. Churros is popular fare in fairs over there, as it's easy to eat with the fingers – it's something to enjoy whilst you wonder at the crazy rides and colourful escapades that are sure to delight at the fair. But you don't have to be in the midst of the fun of the fair to enjoy this snack – take some with you on a picnic, or how about for a relaxed breakfast with a really good cup of coffee? For the compote, use any fruit, or even chocolate sauce – or the two at the same time, as chocolate and fruit make perfect dipping partners.

Churros gyda chompot llus

Cynhwysion

Ar gyfer y churros:
175g o flawd codi
100g o fenyn wedi'i dorri'n giwbiau
½ llwy de o bowdr pobi
3 wy
200ml o ddŵr oer
pinsiaid o halen

olew blodau haul ar gyfer ffrio dwfn
siwgr mân i'w daenu

Ar gyfer y compot llus:
200g o lus
1 goden fanila wedi'i thorri ar ei hyd
1 llwy fwrdd o siwgr mân
sudd a chroen 1 leim

Dull

Ar gyfer y compot rhowch yr holl gynhwysion mewn sosban a chynheswch nes bod yr aeron yn meddalu. Gosodwch o'r neilltu am 5 munud. Tynnwch y goden fanila a throsglwyddo'r compot i ddysgl weini.

Ar gyfer y churros, hidlwch y blawd.

Rhowch y menyn mewn sosban gyda 200ml o ddŵr oer, ynghyd â phinsiaid o halen. Cynheswch y dŵr nes i'r menyn doddi, yna dewch ag ef i'r berw. Tynnwch y sosban oddi ar y gwres ac ychwanegwch y cymysgedd blawd. Curwch â llwy bren nes ei fod yn llyfn.

Trosglwyddwch y cymysgedd i bowlen a gadewch iddo oeri am tua 2 funud. Curwch yr wyau a sudd a chroen y leim i mewn i'r cymysgedd yn raddol. Gorchuddiwch y cymysgedd a'i osod o'r neilltu i orffwys am tua 30 munud.

Arllwyswch ddigon o olew i mewn i sosban fawr a'i gynhesu i tua 180°C.

Rhowch lwyeidiau o'r cymysgedd i mewn i fag peipio â thrwyn siâp seren. Gwasgwch 2 neu 3 darn hyd eich bys o'r cymysgedd i mewn i'r olew gan dorri'r hyd â siswrn. Coginiwch am tua 45 eiliad bob ochr nes bod y darnau'n lliw aur. Tynnwch y darnau allan o'r olew a rholiwch nhw mewn siwgr mân.

Ailadroddwch y broses hyd nes i chi ddefnyddio'r cymysgedd i gyd.

Gweinwch gyda'r compot.

TIP: Rhowch sinamon yn y siwgr er mwyn creu mwy o flas.

Churros with blueberry compote

Ingredients

For the churros:
175g self-raising flour
100g butter, diced
½ tsp baking powder
3 eggs
200ml cold water
pinch of salt

sunflower oil for deep frying
caster sugar for sprinkling

For the blueberry compote:
200g blueberries
1 vanilla pod, split lengthways
1 tbs caster sugar
juice and zest of 1 lime

TIP: Add cinnamon to the
sugar for more flavour.

Method

For the compote, put all the ingredients in a pan and heat until the berries soften then set aside for 5 minutes. Remove the vanilla pod and transfer the compote into a serving dish.

To make the churros, sift the flour.

Put the butter in a pan with 200ml of cold water and a pinch of salt. Heat the water until the butter melts, then bring to the boil. Remove from the heat and add the flour mixture. Beat with a wooden spoon until smooth.

Transfer the mixture to a bowl and allow to cool for about 2 minutes. Gradually beat in the eggs and lime juice and zest. Cover the mixture and set aside to rest for about 30 minutes.

Pour enough oil into a large saucepan and heat to about 180°C.

Spoon the mixture into a star-fitted piping bag. Pipe 2 or 3 finger-length pieces into the oil snipping the lengths with scissors. Cook for about 45 seconds each side until golden. Remove from the oil and roll in some caster sugar.

Repeat the process until you have used up all the batter.

Serve with the compote.

hydref

AUTUMN

Rwy'n hoffi'r hydref yn fawr iawn – amser i gynaeafu a chasglu. Rwy'n cael fy nhemtio i ddweud mai dyma fy hoff dymor, ond rwy'n hoff o bob tymor mewn gwirionedd. Mae'r nosweithiau'n byrhau ond mae'r haul yn dal i wenu a'r cloddiau a'r caeau'n llawn pethau da i'w bwyta.

Dyma'r adeg ddelfrydol i greu jamiau a phiclau o bob math i gadw'r pantri'n llawn ar gyfer y misoedd i ddod. Does dim yn well gen i na gweld fy nghypyrddau'n gwegian gan bwysau potiau sgleiniog yn llawn cyffeithiau amrywiol.

Mae naws y gegin yn newid i adlewyrchu'r newid yn y tywydd a ryseitiau perthnasol yn dod yn bwysicach; mae'n amser Calan Gaeaf a Guto Ffowc, ac mae'r nosweithiau hyn yn gyfle i wledda a dathlu gyda theulu a ffrindiau.

I like autumn a lot – a time for harvesting and collecting. I'm tempted to say that this is my favourite season but truly I like each season for different reasons. The evenings draw in but the sun is still shining and the hedgerows and fields are full of good things to eat.

This is the ideal time for making jams and pickles of all sorts to keep the pantry full for the months ahead. There's nothing I like better than to see my cupboards groaning with the weight of gleaming pots full of a variety of tasty preserves.

The mood of the kitchen changes to reflect the changing weather, with appropriate recipes becoming more important; it's Halloween and Guy Fawkes and these evenings are a perfect excuse for feasting and celebrating with family and friends.

bwydlen

MEALS

Bara Diolchgarwch	Harvest bread
Burrito stêc a ffa Mecsicanaidd	Mexican steak and bean burrito
Lwyn borc wedi'i lapio mewn ham Caerfyrddin	Carmarthen ham wrapped pork loin
Bara soda cnau	Nutty soda bread
Teisen foron a chnau pecan	Carrot and pecan cake
Cacennau cwpan te gellyg	Pear teacup cakes
Salad hwyaden a mwyar hydrefol	Duck and blackberry autumn salad
Tarten meringue mwyar mis Medi	September blackberry meringue tart

Bara Diolchgarwch

Mae traddodiad y cwrdd Diolchgarwch yn gryf yn fy ardal i, ac mae'n gwneud i mi feddwl am y dorth ysgub gwenith bob tro. Mae rhannu bara yn gymdeithasol wedi bod yn elfen bwysig yn y parthau hyn ers canrifoedd, ac mae'r bara beunyddiol yn golygu cymaint i fi, o bethau fel y llond byrddaid o frechdanau ar gyfer y ffermwyr adeg cywain gwair a chneifio, a hwythau ar eu cythlwng wedi gweithio mor galed, i fara te Tad-cu. Mae bara yn asgwrn cefn i'n bwyd ni yma. Yn dilyn poblogrwydd rhaglenni coginio, mae'n debyg bod crasu bara ar yr aelwyd wedi cael cyfnod o ddadeni. Cofiwch, mae digon o flawd da yn cael ei gynhyrchu ym mhob cwr o Gymru bellach felly does dim esgus i beidio mynd ati i bobi'ch bara blasus eich hun – ar eich marciau, barod, pobwch!

Pobwch y bara hwn mewn casys torth papur bychain. Dyma rywbeth bach blasus, cawslyd sy'n hawdd ei wneud, ac mae digon i 8.

Harvest bread

The tradition of the Harvest service is strong in my area and it makes me think of the wheatsheaf loaf every time. The sharing of bread in a social context is really important in these parts and has been for hundreds of years and the daily bread really does mean so much to me, things like seeing a table groaning with sandwiches ready for the farmers coming in hungry during the hay and harvest season, and my grandfather's tea-bread concoction. Bread truly is the staff of life here. And following the popularity of cooking programmes on television, bread baking at home has had a bit of a renaissance. Don't forget that there are plenty of excellent flour producers in all parts of Wales so there's absolutely no excuse for not getting back into the kitchen and making some of your own delicious bread – on your marks, ready, bake!

Bake this bread in little loaf paper cases. These are easy cheesy treats and will serve 8.

Bara Diolchgarwch

Cynhwysion

200g o flawd plaen
50g o bolenta
2 llwy de o bowdr pobi
2 wy
150g o fenyn wedi toddi
150ml o laeth enwyn
8 sbrigyn o rosmari (tynnwch y
perlysieuyn oddi ar y sbrigyn a'i falu'n
fân)
125g o gaws gafr wedi'i friwsioni, neu
gaws Caerffili
150g siytni winwns wedi'u carameleiddio

Dull

Cynheswch y ffwrn i 180°C / 375°F / Nwy 5.

Curwch yr wyau, y menyn a'r llaeth gyda'i gilydd ac ychwanegwch halen a phupur.

Hidlwch y blawd a'i ychwanegu at y polenta a'r powdr pobi. Ychwanegwch y rhosmari wedi'i falu, plygu'r cynhwysion gwlyb i mewn a chymysgu.

Llenwch 8 casyn torth bychan wedi'u hiro'n dda. Rhowch siytni winwns ar ben y cymysgedd a briwsionwch y caws ar ben y cyfan.

Pobwch am 25-30 munud.

Gweinwch yn gynnes gyda menyn, ham Caerfyrddin a phicl.

TIP: Os nad oes llaeth enwyn gennych chi, fel allwch chi greu peth eich hun yn hawdd drwy ychwanegu sudd lemon at laeth.

Harvest bread

Ingredients

200g plain flour
50g polenta
2 tsp baking powder
2 eggs
150g melted butter
150ml buttermilk
8 sprigs of rosemary (remove the herb
from the sprigs and chop well)
125g crumbled goat's cheese or
Caerffili cheese
150g caramelized onion chutney

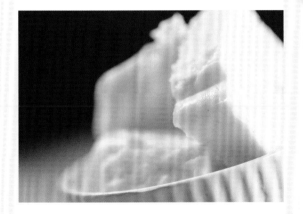

TIP: If you don't have any
buttermilk to hand, you can easily
make some yourself by adding
some lemon juice to milk.

Method

Preheat the oven to 180°C / 375°F / Gas 5.

Beat the eggs, butter and milk together and add seasoning.

Sift the flour and add to the polenta and baking powder. Add the chopped
rosemary, fold in all the wet ingredients and mix.

Fill 8 well-greased mini loaf cases. Top with onion chutney and crumble the
cheese over the top.

Bake for 25–30 minutes.

Serve warm with butter, some Carmarthen ham and pickles

Burrito stêc a ffa Mecsicanaidd

Dyma fi'n teithio y tu allan i Gymru unwaith eto am ysbrydoliaeth ar gyfer rysáit – i Fecsico'r tro hwn. Yn draddodiadol, pobl dlawd Mecsico fyddai'n bwyta burritos; byddai'r tortillas yn cael eu lapio o gwmpas cynhwysion gwahanol megis reis, cig neu lysiau, i greu pecyn fyddai'n hawdd ei gario gyda nhw i'w fwyta tra oedden nhw allan yn gweithio. Bellach, mae'n fwyd poblogaidd ym mhob cwr o'r byd. Mae'n fwyd da i'w gael fel pryd ar glud, gan fod y tortilla'n cadw popeth yn ei le. Mae burritos yn medru bod yn fwyd cymdeithasol iawn achos gall pobl fod yn rhan o adeiladu a chreu eu burritos eu hunain. Beth well na chael pawb at ei gilydd, yn ffrindiau a theulu, i rannu sgwrs dda a mwynhau'r gwmnïaeth ac yna bwyta llond bolied o fwyd? Bargen! Cig eidion Cymreig yw seren y swper hwn wrth gwrs.

Mexican steak and bean burrito

I'm travelling outside Wales for inspiration again – this time to Mexico. Traditionally it was the poor people of Mexico who would have eaten burritos the tortillas would have been wrapped around the different ingredients, such as rice, meat or vegetables, to create an edible packet that was easy to carry, and was then eaten when they were out working. These days the humble burrito has travelled to the four corners of the earth. It's a great takeaway meal as the tortilla keeps everything in place. The burrito is also a very sociable meal as people can be a part of building their own burrito. There's nothing better than getting everybody together, friends and family, sharing good conversation and enjoying each other's company, and then eating as much as your stomach can take. What a bargain! Welsh beef is really the star of this supper of course.

Burrito stêc a ffa Mecsicanaidd

Cynhwysion

Ar gyfer y cymysgedd:
1 llwy fwrdd o olew
1 winwnsyn wedi'i dorri'n fân
1 pupur coch wedi'i dorri'n fân
300g o escalopes cig eidion Cymru wedi'u
torri'n stribedi tenau
1 llwy fwrdd o gymysgedd sbeis
Mecsicanaidd (mae'r sbeis hwn ar gael o'r
archfarchnad)
can 410g o ffa cymysg mewn saws tsili
mwyn
pecyn o 8 tortilla

Ar gyfer gweini:
1 pot o hufen wedi suro
ychydig o letys neu ddail salad gwyrdd,
caws wedi gratio a pheth salad cwscws

Dull

Cynheswch yr olew mewn ffrimpan, ychwanegwch y winwnsyn, a ffrïwch am 2 funud nes ei fod wedi meddalu.

Ychwanegwch y stribedi cig eidion, y pupur coch a'r cymysgedd sbeis Mecsicanaidd. Ychwanegwch y ffa cymysg a choginiwch am 2-3 munud eto nes bod y cyfan wedi cynhesu drwyddo.

Cynheswch y tortillas yn y ffwrn am ychydig funudau (neu yn y meicrodon am 30-60 eiliad).

Gweinwch yr hufen wedi suro, y dail salad gwyrdd, y cwscws a'r caws mewn powlenni ar wahân, a'r cymysgedd cig eidion mewn powlen weini ar ei ben ei hun. Gadewch i bawb adeiladu eu burrito eu hun yn ôl eu dewis nhw.

Plygwch waelod y burrito yna rholio'r tortilla i fyny – gafaelwch ynddo a'i fwyta!

Mexican steak and bean burrito

TIP: Gallwch ddefnyddio pupur wedi'i biclo'n barod yn lle pupur ffres.

TIP: Use pickled peppers instead of fresh if you prefer.

Ingredients

For the mixture:
1 tbsp oil
1 onion, chopped
1 red pepper, chopped
300g Welsh beef escalopes cut into thin strips
1 tbsp Mexican spice blend (this can be bought ready-made from the supermarket)
410g can mixed beans in mild chilli sauce
pack of 8 tortillas

For serving:
1 pot soured cream
some lettuce or green salad leaves, grated cheese and some couscous salad

Method

Heat the oil in a frying pan, add the onion, and fry for 2 minutes until softened.

Add the beef strips, red pepper and Mexican spice blend. Add the mixed beans and cook for a further 2–3 minutes until heated through.

Heat the tortillas in the oven for a few minutes (or microwave for 30 seconds to a minute).

Serve the soured cream, salad or green salad leaves, couscous and cheese in separate bowls and the beef mixture in a serving bowl on its own. Let everyone build their own burrito to taste.

Fold up the base and then roll the tortilla up – grab it and eat!

Lwyn borc wedi'i lapio mewn ham Caerfyrddin

Platiad bach safonol ar gyfer swper sbesial yw'r rysáit hon –
fe fyddwch yn teimlo eich bod wedi cael pryd arbennig iawn o
baratoi hwn. Cofiwch bod ham Caerfyrddin yn enwog iawn ymhell
y tu hwnt i lannau afon Tywi. Mae'r cwmni sy'n cynhyrchu'r cig
yn honni bod y Rhufeiniaid wedi dod i Gymru a Chaerfyrddin,
wedi ffoli ar flas y cig ac wedi hoffi'r ffordd o'i drin, yna'i gymryd
yn ôl gyda nhw i'r Eidal a'i ailfedyddio'n ham Parma! Mae'r
gweddill yn hanes, ys dwedon nhw. P'un ai yw'r stori'n wir ai
peidio, mae ham Caerfyrddin yn dal i fod yn ddanteithyn lleol
hynod i'w fwynhau.

Carmarthen ham wrapped pork loin

This is a really classy supper to serve – you'll feel as if you've
really dined out by preparing this recipe. Carmarthen ham is
famous in places further afield than the banks of the river Tywi.
The company that produces the meat says that when the Romans
came to Wales and arrived in Carmarthen they loved the taste of
the ham so much and liked the way that the meat was treated,
that they took the meat back to Italy and called it Parma ham!
The rest, as they say, is history. Whether the story is true or not,
Carmarthen ham remains a delicious local delicacy to be savoured.

Lwyn borc wedi'i lapio mewn ham Caerfyrddin

Cynhwysion

25g o fenyn
1 winwnsyn coch bach
125g o fadarch wedi'u sleisio
25g o gaws cryf wedi gratio
peth saets a rhosmari wedi'u malu
1 ffiled o borc wedi'i thrimio (oddeutu 500g)
75g o eirin sych wedi'u torri'n fân
85g o ham Caerfyrddin
1 llwy fwrdd o olew olewydd
2 afal bwyta wedi tynnu'u calonnau a'u chwarteri

Tip: I greu saws hufennog i fynd gyda'r pryd, ychwanegwch ychydig o hufen at suddion y cig yn y tun.

Dull

Cynheswch y ffwrn i 200°C / 400°F / Nwy 6.

I wneud y stwffin:
Toddwch y menyn mewn ffrimpan fawr ac ychwanegwch y winwnsyn a'r madarch. Ffrïwch dros wres canolig am 4–5 munud a gadewch i oeri am 10 munud cyn cymysgu'r caws, y saets, y rhosmari a'r eirin sychion i mewn. Ychwanegwch halen a phupur yn ôl eich dymuniad.

Holltwch y ffiled borc ar ei hyd heb dorri'r holl ffordd drwodd. Agorwch y ffiled yn fflat ar fwrdd a rhowch lwyeidiau o'r stwffin yn y canol cyn cau'r ffiled o'i amgylch. Gorchuddiwch y porc â'r tafelli ham, gan sicrhau eich bod yn gorchuddio'r cig yn gyfan gwbl.

Cynheswch yr olew mewn ffrimpan fawr a seliwch y porc ar yr ochr lle mae'r ham yn croesi neu'n gorgyffwrdd.

Coginiwch am 3–4 munud cyn trosglwyddo'r cig i dun rhostio. Trefnwch yr afalau o gwmpas y porc yn y tun a choginiwch yn y ffwrn am 30 munud.

Gadewch i'r cig orffwys, yna torrwch yn dafelli trwchus i'w gweini gyda'r afalau wedi'u rhostio a'r sudd o'r cig.

Gweinwch gyda bresych wedi'i stemio, tatws stwnsh menynaidd ac afalau wedi'u carameleiddio. Bydd melyster yr eirin sychion yn mynd yn berffaith gyda blas hallt arbennig yr ham.

Dyma ginio dydd Sul hawdd i'w baratoi a'i weini. Gall unrhyw gig sydd dros ben gael ei dafellu'n denau a'i ddefnyddio ar gyfer llenwi rholiau neu frechdanau drannoeth.

Mae'r pryd hwn yn un di-glwten.

Carmarthen ham wrapped pork loin

Ingredients

25g butter
1 small red onion
125g mushrooms, sliced
25g of strong cheese, grated
some fresh sage and rosemary chopped
1 trimmed pork fillet (about 500g)
75g prunes, chopped
85g Carmarthen ham
1 tbsp olive oil
2 eating apples, cored and quartered

TIP: To create a creamy sauce, add a splash of cream to the meat juices in the tin.

Method

Preheat oven to 200°C / 400°F / Gas 6.

To make the stuffing:
Melt the butter in a large frying pan and add the onion and mushrooms. Fry over a medium heat for 4–5 minutes and leave to cool for 10 minutes before stirring in the cheese, sage, rosemary and prunes. Add salt and pepper to taste.

Slice the pork fillet lengthways without cutting all the way through. Open the fillet flat on a board and spoon the stuffing down the middle before closing the fillet around it. Cover the pork with the ham slices, ensuring that you cover the meat completely.

Heat the oil in a large frying pan and seal the pork seam side down. Cook for 3–4 minutes before transferring the meat onto a roasting tin. Scatter the apples around the pork in the tin and cook for 30 minutes in the oven.

Leave the pork to rest and cut into thick slices for serving with the roasted apples and juices.

Serve with steamed cabbage, buttery mash and caramelised apples. The sweetness of the prunes complements the distinct saltiness of the ham perfectly.

This is a quick Sunday roast that's easy to prepare, cook and serve. Any leftovers can be sliced thinly the next day for a filling in rolls and sandwiches.

This dish is gluten free.

Bara soda cnau

Dyma i chi esiampl arall o wneud bara heb furum. Rwyf wedi ychwanegu cynhwysion at y rysáit er mwyn creu bara mwy cyflawn. Mae'r cnau a'r bricyll yn ychwanegu cymaint at y blas ac yn cadw'r bara'n iach iawn; bron allech chi ddweud bod hwn yn bryd ynddo'i hun.

Rwy'n hoffi defnyddio llugaeron wedi'u sychu er mwyn rhoi blas Nadoligaidd i'r bara; ychwanegwch hadau hefyd. Gallwch greu eich fersiwn personol chi o'r rysáit hon gan ddefnyddio'r rysáit syml fel sylfaen i gynhwysion mwy ffansi. Mae'r rysáit draddodiadol hon yn hynod hawdd i'w dilyn ac yn addo llwyddiant bob tro.

Nutty soda bread

Here is another example of bread without yeast. I've added ingredients to the recipe in order to make a more complete bread. The nuts and apricots add so much more to the taste and keep the bread healthy; you could almost say that this is a meal in itself.

I like to use dried cranberries in order to give the bread a Christmassy taste; add some seeds too. You can create your own personal version of this recipe by using the basic simple recipe as a foundation for fancier ingredients. This traditional recipe is really easy to follow and promises success every time.

Bara soda cnau

Cynhwysion

250g o flawd plaen
250g o flawd plaen cyflawn
1 llwy de o halen
1 llwy de o soda pobi
1 llwy de o hufen tartar
1 llwy de o siwgr mân
25g o fenyn wedi'i dorri'n giwbiau
300ml o laeth enwyn
75-100ml o laeth hanner sgim
50g o gnau Ffrengig wedi'u torri'n fân
50g o fricyll wedi'u torri'n fân

TIP: Er mwyn rhoi blas
Nadoligaidd i'r bara, taflwch
ychydig o lugaeron wedi'u
sychu i'r cymysgedd.

Dull

Cynheswch y ffwrn i 190°C / 375°F / Nwy 5.

Gosodwch y ddau fath o flawd, yr halen, y soda pobi, yr hufen tartar a'r siwgr mewn powlen. Ychwanegwch y menyn a rhwbiwch rhwng eich bysedd.

Ychwanegwch y bricyll a'r cnau Ffrengig a chymysgwch y llaeth enwyn i mewn. Defnyddiwch ddigon o'r llaeth hanner sgim i wneud cymysgedd o ansawdd toes stiff. Peidiwch â gorgymysgu.

Gwnewch siâp pêl â'r toes a'i wastatáu ychydig. Gosodwch y toes ar fwrdd pobi wedi'i ysgeintio â blawd.

Torrwch siâp croes ar draws y dorth a thaenwch hadau drosti os dymunwch. Pobwch am 45-50 munud nes bod y dorth wedi codi ac o liw euraidd.

Nutty soda bread

Ingredients

250g plain flour
250g wholemeal plain flour
1 tsp salt
1 tsp bicarbonate of soda
1 tsp cream of tartar
1 tsp caster sugar
25g butter, diced
300ml buttermilk
75-100ml semi skimmed milk
50g chopped walnuts
50g chopped apricots

TIP: For a taste of Christmas, throw some dried cranberries into the mixture.

Method

Preheat the oven to 190°C / 375°F / Gas 5.

Place the two flours, salt, bicarbonate of soda, cream of tartar and sugar into a bowl. Add the butter and rub with your fingertips.

Add the apricots and walnuts and stir in the buttermilk, using enough of the semi-skimmed milk to make a stiff dough consistency. Do not over mix.

Shape the dough into a ball and flatten slightly. Place the dough on a lightly floured baking tray.

Cut a cross in the top and scatter the loaf with seeds if you wish. Bake for 45-50 minutes until risen and golden.

Teisen foron a chnau pecan

Does dim byd gwreiddiol am y rysáit hon yn y bôn – mae'n glasur – teisen foron, un o fy ffefrynnau, ac mae gan lawer ohonom ein fersiwn ein hunain ohoni. Er hynny, rwyf wedi ceisio bod ychydig yn wahanol ac amrywio'r rysáit drwy ddefnyddio cnau pecan yn hytrach nag rhai Ffrengig. Peidiwch ag ofni'r newid! Rwy'n sicr y byddwch yn cytuno bod hyn yn creu blas digon gwahanol ond hyfryd hefyd. Ac oherwydd y cnau, mae golwg y deisen yn wahanol – yn fwy modern o'r herwydd, efallai.

Carrot and pecan cake

There's nothing inherently different about this recipe – it's a classic – the carrot cake, one of my favourites, and many of us have our own versions. Having said that, I have tried to ring the changes here by using pecan nuts instead of walnuts. Don't be afraid of the change! I'm sure you'll agree that they give a subtly different but lovely taste to the cake. And because of the nuts, the cake looks different too – I'd like to think it's more modern, perhaps.

Teisen foron a chnau pecan

Cynhwysion

250ml o olew blodau haul
4 wy mawr
225g o siwgr muscovado golau
200g o foron wedi'u plicio a'u gratio
300g o flawd codi
2 lwy fwrdd o bowdr pobi
1 llwy de o sbeis cymysg
1 llwy de o sinsir wedi'i falu
75g o gnau pecan wedi'u torri'n fân
(cadwch rhai'n gyfan i addurno'r deisen)

Ar gyfer yr eisin:
50g o fenyn
25g o siwgr eisin
250g caws hufen braster llawn
ychydig ddiferion o rinflas fanila

Dull

Cynheswch y ffwrn i 180°C / 350°F / Nwy 5.

Irwch ddau dun teisen 8 modfedd crwn a leiniwch y gwaelod â phapur gwrthsaim.

Cyfunwch y siwgr, yr olew a'r wyau mewn powlen a'u chwisgio nes eu bod wedi'u cymysgu'n dda ac wedi dechrau tewhau.

Ychwanegwch y cynhwysion sych, gan ddechrau gyda'r blawd, y powdr pobi a'r sbeisys, ac yna'r moron a'r cnau. Cymysgwch y cyfan yn drwyadl a rhannwch y cymysgedd yn gyfartal rhwng y ddau dun.

Pobwch am 35-40 munud nes ei fod yn frown euraidd a'r sbwng yn sboncio 'nôl wrth gael ei wasgu. Gadewch i oeri ychydig cyn ei droi allan ar resel weiren.

Gwnewch yr eisin drwy chwisgio'r cynhwysion nes bod y cymysgedd yn llyfn ac wedi'i gyfuno'n dda.

Taenwch rywfaint o'r cymysgedd ar un deisen a gosod y llall ar ei ben cyn gorchuddio'r top â gweddill yr eisin. Addurnwch â'r cnau pecan cyfan a naddion siocled.

TIP: Er mwyn rhoi blas Nadoligaidd i'r bara, taflwch ychydig o lugaeron wedi'u sychu i'r cymysgedd.

Carrot and pecan cake

Ingredients

250ml sunflower oil
4 large eggs
225g light muscovado sugar
200g carrots, peeled and grated
300g self-raising flour
2 tsp baking powder
1tsp mixed spice
1 tsp ground ginger
75g pecans, chopped (keep some whole for decorating)

For the icing:
50g butter
25g icing sugar
250g full fat cream cheese
a few drops of vanilla extract

Method

Preheat the oven to 180°C / 350°F / Gas 5.

Grease two 8-inch round sandwich tins and line the base with greaseproof paper.

Combine the sugar, oil and eggs in a bowl and whisk until well combined and the mixture has started to thicken.

Add the dry ingredients, starting with the flour, baking powder and spices, then the carrots and nuts. Mix well together and divide the mixture evenly between the two trays.

Bake for 35–40 minutes until golden brown and the sponge bounces back when pressed. Allow to cool a little before turning out onto a wire rack.

Make your icing by whisking the ingredients until the mixture is smooth and well blended.

Spread some of the mixture on one cake and place the other on top before covering it with the remainder of the icing. Decorate with the whole pecans and chocolate shards.

TIP: To create chocolate shards, melt some chocolate and spread on some greaseproof paper before sprinkling with chopped nuts. Allow to set before cutting into shards.

Cacennau cwpan te gellyg

Roeddwn yn falch iawn gweld yn ddiweddar fod yr amser te henffasiwn yn ôl mewn bri – ac yn creu tipyn o steil hefyd. O ganlyniad i'r adfywiad hwn cefais fy ysbrydoli i greu rysáit yn cynnwys cynnyrch amserol yr hydref, sef gellyg. Dyma fi'n ystyried sut y medrwn glymu'r ffasiwn vintage wrth y pwdin, ac fe gefais syniad... Beth am greu pwdin gyda gellyg, ac yna gwneud rhywbeth dramatig drwy roi'r gellyg i sefyll mewn cwpan te henffasiwn? Cofiwch, chewch chi ddim gwell priodas na'r un rhwng siocled a gellyg – nefoedd. Ac mae'r rysáit hon yn ffefryn mawr gyda phob un o'r teulu pan ddaw'n amser te pnawn Sul. Dyma fy fersiwn i sydd â thro retro ond modern. Mae digon i 4 yn y rysáit hon.

Pear teacup cakes

I was gratified to see recently that the old-fashioned teatime was making a comeback – and in unmistakable style too. Because of this renaissance I was inspired to to create a recipe that would include seasonal autumnal produce – pears. I wondered how I could tie in the fashion for vintage with my pudding, and then I had an idea... How about making a pudding with pears, and then how about making a statement by putting the pears to stand in an old fashioned teacup? Mind you, you won't get a better pairing than chocolate and pears – heaven. And this recipe is a firm favourite with all the family when Sunday teatime comes around. This is my version with a retro twist that's a little bit modern. There's enough for 4 in this recipe.

Cacennau cwpan te gellyg

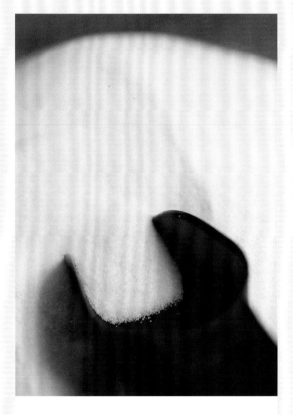

Dull

Cynheswch y ffwrn i 180°C / 350°F / Nwy 4.

Irwch bedwar cwpan te sy'n addas ar gyfer y ffwrn gyda menyn.

Hidlwch y blawd a'r powdr pobi gyda'i gilydd.

Hufennwch y menyn a'r siwgr ac ychwanegwch yr wyau'n raddol. Ychwanegwch y coco a churwch eto cyn plygu'r blawd i mewn i'r cymysgedd.

Rhannwch y siocled taenu rhwng y pedwar cwpan, yna arllwyswch y cymysgedd siocled ar ei ben.

Pliciwch y croen oddi ar bob gellygen a thorrwch y gwaelod i ffwrdd, yna gwasgwch ellygen i mewn i ganol pob cwpan.

Pobwch am 15–16 munud.

Gweinwch gydag ychydig o fêl ac ysgeintiad o siwgr eisin.

Cynhwysion

75g o fenyn
75g o flawd codi
½ llwy de o bowdr pobi
75g o siwgr mân
2 wy
25g o bowdr coco
4 gellygen fach
ychydig o fêl
2 lwy fwrdd o siocled taenu blas cnau cyll

TIP: Peidiwch â defnyddio cwpanau gorau Mam-gu! Defnyddiwch lestri sy'n addas ar gyfer pobi, da chi.

Pear teacup cakes

Ingredients

75g butter
75g self-raising flour
½ tsp baking powder
75g caster sugar
2 eggs
25g cocoa powder
4 small pears
a little honey
2 tbsp hazelnut flavour chocolate spread

TIP: Don't use Granny's best Sunday china! Do use crockery that's ovenproof.

Method

Preheat the oven to 180°C / 350°F / Gas 4.

Lightly butter four teacups that are suitable for the oven.

Sift the flour and baking powder together.

Cream butter and sugar and slowly add the eggs. Add the cocoa and beat again before folding in the flour.

Divide the chocolate spread between the cups, then fill with the chocolate mixture.

Peel off the skin and cut the base of each pear then press a pear into the middle of each cup.

Bake for 15–16 minutes.

Serve with a drizzle of honey and a dusting of icing sugar.

Salad hwyaden a mwyar hydrefol

Ry'n ni'n cysylltu mwyar â phwdinau yn bennaf adeg yr hydref. Wel, gadewch i fi newid eich meddwl; gall mwyar fod yn gynhwysyn hyfryd ar gyfer pryd sawrus anarferol hefyd. Dyma fi'n edrych eto ar ddylanwadau o wledydd eraill ac yn ystyried bod mwyar yn ffrwythau delfrydol fel cydymaith i gig hwyaden. Mae melyster y mwyar yn cyd-fynd yn berffaith â braster y cig. Dyma rysáit fodern sy'n defnyddio cynhwysyn hynod leol, un sydd ar gael yn hawdd yn ein cloddiau ni.

Duck and blackberry autumn salad

We tend to connect blackberries mostly with puddings during autumn time. Well, let me disabuse you of that idea, because blackberries can be a lovely ingredient in a savoury meal as a bit of an unusual companion. I'm looking to the four corners of the earth for inspiration again and I do believe that the blackberry is an ideal fruit as an accompaniment to duck. The sweetness of the blackberry works brilliantly with the fat in the meat. This is a thoroughly modern recipe using the most local of produce, one that's to be found in our hedgerows.

Salad hwyaden a mwyar hydrefol

Cynhwysion

2 goes hwyaden
2 lwy de o bowdr pum sbeis Tsieineaidd
ychydig o olew
225g o fwyar duon
100g o gwinoa
200g o gaws ffeta
50g o almonau wedi'u fflawio a'u tostio
1 winwnsyn coch wedi'i sleisio
200g o ffa gwyrdd
halen a phupur

Ar gyfer y dresin:
hanner y mwyar uchod
2 lwy fwrdd o jeli cyrens coch
1 llwy fwrdd o finegr gwin coch
sudd 1 lemwn

Ar gyfer y pancos:
275g o fenyn
175g o flawd codi
1 llwy de o bowdr pobi
1 wy
3 shibwnsyn wedi'u torri'n fân
1 llwy bwdin o hadau sesame
ychydig o laeth i gymysgu

TIP: Gallwch ddefnyddio
cwscws yn lle cwinoa.

Dull

Cynheswch y ffwrn i 180°C / 350°F / Nwy 4.

Brwsiwch y coesau hwyaden ag olew ac ysgeintiwch y sbeis a'r halen a phupur drostynt. Rhostiwch yn y ffwrn am awr.

Rhowch y cwinoa mewn sosban gyda phinsiaid o halen, gorchuddiwch â dŵr a dewch ag ef i'r berw. Coginiwch am 20 munud, yna draeniwch a gadael iddo oeri.

Coginiwch y ffa gwyrdd mewn sosban ac ychydig o ddŵr a halen ynddo am tua 4 munud. Draeniwch o dan ddŵr oer.

Chwisgiwch gynhwysion y dresin ynghyd, ychwanegwch tua hanner y mwyar a'u malu'n slwtsh.

Rhwygwch gig yr hwyaden a'i roi ar blât mawr gyda'r cwinoa, y ffa gwyrdd, y caws ffeta, yr winwnsyn a'r cnau almon. Cymysgwch y cyfan gyda'r dresin ac addurnwch â gweddill y mwyar.

Gallwch wneud pancos bach i fynd gyda'r salad hwn:

Hidlwch y blawd i mewn i bowlen ynghyd â'r powdr pobi a gwnewch bydew. Ychwanegwch yr wyau a'r llaeth a chymysgwch i wneud cytew llyfn. Ychwanegwch y menyn a'r shibwns a halen a phupur yn ôl yr angen.

Cynheswch radell a gwnewch yn siŵr ei bod wedi'i hiro'n dda ond ddim yn rhy seimllyd.

Rhowch un llwy bwdin o'r cymysgedd ar y radell ac ysgeintiwch â hadau sesame. Trowch y bancosen pan fydd swigod yn dechrau ymddangos.

Gweinwch yn gynnes gyda'r salad.

Duck and blackberry autumn salad

Ingredients

2 duck legs
2 tsp Chinese five-spice
a little oil
225g blackberries
100g quinoa
200g feta cheese
50g toasted flaked almonds
1 red onion, sliced
200g green beans

For the dressing:
about half the blackberries above
2 tbsp redcurrant jelly
1 tbsp red wine vinegar
juice of 1 lemon

For the pancakes:
275g butter
175g self-raising flour
1 tsp baking powder
1 egg
3 spring onions, chopped
1 dessertspoon sesame seeds
a little milk to mix

TIP: You can use couscous
instead of quinoa.

Method

Preheat the oven to 180°C / 350°F / Gas 5.

Brush the duck legs with oil and sprinkle over with the spice and seasoning. Roast in the oven for one hour.

Place quinoa in a saucepan with a pinch of salt, cover with water and bring to the boil. Cook for 20 minutes then drain and allow to cool.

Cook the green beans in a pan with a little salted water for about 4 minutes. Drain under cold water.

Whisk the dressing ingredients together, add about half the blackberries and crush.

Shred the duck flesh and place on a large platter along with the quinoa, the green beans, the feta cheese, the onion and the almonds.

Toss together with the dressing and decorate with the remaining blackberries.

To accompany this salad you can make these little pancakes:

Sift the flour into a bowl with the baking powder and make a well. Add the egg and milk and mix to make a smooth batter. Add butter and spring onions. Season to taste.

Warm a griddle pan and make sure it is well greased but not oily. Add a dessertspoon of mixture and sprinkle with the sesame seeds. Turn the pancake when bubbles start to appear.

Serve the pancakes warm with the salad.

Tarten meringue mwyar mis Medi

Rwy'n hynod hoff o bastai meringue lemwn – oherwydd y cyfuniad o'r melyster ynghyd â surni'r lemwn – ond y tro hwn rydw i wedi cyflwyno tro bach mwy hydrefol i'r ffefryn traddodiadol hwn. Mae cymaint o fwyar duon ar y fferm erbyn diwedd yr haf nes ei bod hi'n her i ddefnyddio cymaint ohonynt ag sy'n bosib. Mae creu rysáit newydd yn rhywbeth rydw i'n ei fwynhau wrth geisio bod yn fwy creadigol gyda'r cynhwysion. Mae Mam-gu yn arbenigwraig ar goginio tarten fwyar ddiguro, ac mae'r darten hon yn ffefryn mawr gen i ac eraill sy'n galw draw am de – ond rhowch gynnig ar y fersiwn gwahanol hwn sydd â blas hyfryd yr hydref.

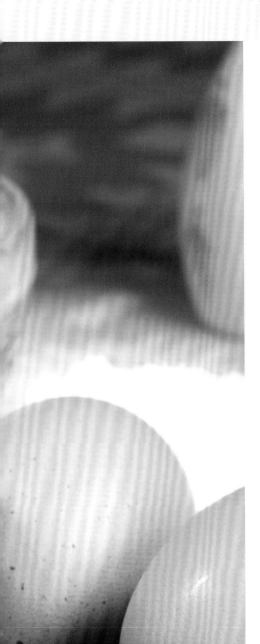

September blackberry meringue tart

I'm extremely partial to lemon meringue pie – it's the combination of the sweetness and the sourness in the lemon – but this time I've brought a little autumnal twist to this traditional favourite. There are so many blackberries on the farm come the end of summer that it's become a bit of a challenge to put as many of them to good use as I can. Creating a new recipe is something I relish as it calls for being more creative with the ingredients. My grandmother is an expert at baking an unbeatable blackberry tart, ac the blackberry tart is indeed a favourite of mine and of others who call for tea – but give this different version a try, and bring a taste of autumn to your plate.

Tarten meringue mwyar mis Medi

Cynhwysion

Ar gyfer y toes crwst brau
(mae'n gwneud 375g):
225g o flawd plaen
110g o fenyn
1 wy
25g siwgr

Ar gyfer y llenwad a'r meringue:
200g o fwyar duon
200g o siwgr mân
100ml o ddŵr
4 llwy fwrdd o flawd corn
3 wy wedi'u gwahanu

TIP: I arbed amser defnyddiwch does parod o'r siop.

Dull

Cynheswch y ffwrn i 200°C / 400°F / Nwy 6.

Ar gyfer y toes crwst brau:
Hidlwch y blawd i bowlen a rhwibiwch y menyn i mewn i'r blawd nes ei fod yn debyg i friwsion, yna ychwanegwch y siwgr. Curwch yr wy a'i ychwanegu at y cymysgedd i ffurfio pêl. Oerwch yn yr oergell cyn ei rolio allan i wneud gwaelod i'ch fflan.

Leiniwch dun fflan rhychiog 8 modfedd ac iddo waelod rhydd â'r toes a gwnewch yn siŵr bod yr ymylon yn daclus. Pobwch y casyn toes yn wag am 15-20 munud gan ddefnyddio papur gwrthsaim a ffa i gadw'r toes i lawr. Tynnwch y tun allan o'r ffwrn a'i osod naill ochr hyd nes bod ei angen.

Gosodwch y mwyar duon mewn sosban gyda'r dŵr a 100g o'r siwgr a dewch â'r cyfan i'r berw'n araf er mwyn toddi'r siwgr. Trowch y cymysgedd yn achlysurol. Arllwyswch y cynnwys i brosesydd bwyd a chymysgu'r cyfan yn dda; gallwch ddefnyddio cymysgydd llaw hefyd. Arllwyswch y cymysgedd mwyar yn ôl i mewn i'r sosban.

Rhowch y blawd corn mewn dysgl a'i gymysgu â 3 llwy fwrdd o ddŵr. Ychwanegwch hwn at y cymysgedd mwyar a'i droi dros wres isel nes iddo ddechrau tewhau. Tynnwch y sosban oddi ar y gwres a gadael i'r cymysgedd oeri am 5 munud cyn ychwanegu'r melynwyau a'u cymysgu'n dda. Rhowch naill ochr i oeri. Wedyn arllwyswch y cynnwys i'r casyn toes.

Gostyngwch wres y ffwrn i 150°C / 300°F / Nwy 2.

Chwsgiwch y gwynwyau mewn powlen fawr hyd nes y ffurfir copaon stiff. Ychwanegwch y siwgr mân fesul 1 llwy fwrdd a chwisgio'n dda rhwng pob llwyaid. Daliwch i wneud hyn nes bod y 100g o siwgr wedi'i ddefnyddio i greu meringue.

Rhowch lwyeidiau o'r meringue dros y fflan a phobwch am 20 munud nes ei fod yn lliw euraidd hyfryd. Gweinwch yn gynnes neu'n oer gyda hufen neu hufen iâ.

September blackberry meringue tart

Ingredients

For the shortcrust pastry
(it makes 375g):
225g plain flour
110g butter
1 egg
25g sugar

For the filling and meringue:
200g blackberries
200g caster sugar
100ml water
4 tbsp cornflour
3 eggs, separated

TIP: To save time,
use ready-made shop
bought pastry.

Method

Preheat the oven to 200°C / 400°F / Gas 6.

For the shortcrust pastry:
Sieve the flour into a bowl, and rub in the butter until it looks like bread-crumbs, then add the sugar. Beat the egg and add to the mixture, then form a ball. Cool in the fridge, then roll out to make the base for your flan.

Line a loose-bottomed 8 inch fluted flan tin with the pastry and make sure that the edges are neat. Bake the pastry case blind for about 15-20 minutes using greaseproof paper and beans to weigh the pastry down. Take the tin out of the oven and put to one side until needed.

Place the blackberries in a saucepan with the water and 100g of the sugar, bring to the boil slowly in order to melt the sugar. Make sure you stir the mixture occasionally. Pour the mixture into a food processor and blitz it well; you can use a hand blender if you wish. Pour the blackberry mixture back into the saucepan.

Put the cornflour in a bowl and mix in 3 tablespoons of water. Add this to the blackberry mixture, stirring it over a low heat until it starts to thicken. Take off the heat and let it cool for 5 minutes before adding the egg yolks and mixing them in well. Leave aside to cool, then pour the contents into the pastry case.

Decrease the heat in the oven to 150°C / 300°F / Gas 2.

Whisk the egg whites in a large bowl until they form stiff peaks. Add the caster sugar a tablespoon at a time and whisk well in between each spoonful. Keep doing this until the 100g of sugar has been used to make the meringue.

Spoon the meringue over the flan and bake for 20 minutes until it's a lovely golden colour. Serve warm or cold with cream or ice cream.

gaeaf

WINTER

Mae'r nosweithiau'n dywyll a'r dyddiau'n fyr erbyn hyn. Yr adeg hon o'r flwyddyn rhaid cadw corff ac enaid ynghyd, pa ffordd well o wneud hynny na sicrhau ein bod ni'n cael llond boliaid o fwyd da a maethlon. Efallai bod y tir yn cysgu dros yr hirlwm ac nad yw mor doreithiog o ran cynnyrch, ond mae'r cynhaeaf sydd newydd fod yn dal i'n bwydo ni...

Mae hefyd yn gyfnod diwedd blwyddyn a dechrau un newydd, ac yn amser i ni gadw'r golau ynghynn a thynnu at ein gilydd yn gwmni er mwyn bwrw'r tywyllwch o'r neilltu. Mae'r Nadolig yn amser arbennig pan fo teuluoedd a ffrindiau yn dod at ei gilydd i ddathlu, a does dim yn well gen i na llond tŷ o bobl i'w bwydo, a chwmni da hefyd. Dewch, closiwch at y tân i gynhesu.

The nights are dark and the days are short by now. At this time of year we're all trying to keep body and soul together and what better way to do this than to make sure we all have enough good and nutritious food in our bellies. It may be that the land is asleep over the winter and may not be as plentiful as far as produce is concerned, but the harvest that has just passed is continuing to feed us...

It's also the end of one year and the beginning of another, a time for us to keep the lamps lit and draw together for company in order to push the darkness aside. Christmas is a special time when families and friends come together to celebrate and there's nothing I like better than a houseful of people to feed and good company too. So, come on, move closer to the fire and get warm!

bwydlen

MEALS

Coronbleth cnau almon a bricyll	Almond and apricot crown
Trît teledu	Telly treat
Tryfflau caws	Cheese truffles
Cawl cynnes	Warming soup
Mins peis ffransipán	Franzipan mince pies
Zucotto pelen eira	Snowball zucotto
Salami siocled	Chocolate salami
Florentines llugaeron	Cranberry florentines

Coronbleth cnau almon a bricyll

Fe greais i'r rysáit hon gan fy mod i'n chwilio am rywbeth bach gwahanol i'w fwyta i frecwast ar fore dydd Nadolig. Mae'r rysáit draddodiadol ar gyfer croissants yn hirwyntog felly dyma i chi ffordd gyflym, syml ond hynod effeithiol o'u creu nhw. Paratowch y toes a'r blethen ar noswyl Nadolig a'i choginio'n ffres yn y bore ar ôl i Siôn Corn adael ei anrhegion. Bydd y tŷ yn llawn arogl hyfryd y goronbleth yn coginio ac fe gewch chi Nadolig i'w gofio hefyd.

Almond and apricot crown

I created this recipe because I was looking for something slightly different to serve for breakfast on Christmas morning. The traditional recipe for making croissants is a little convoluted so here is a quick, simple but extremely effective way of making them. Prepare the dough and the crown shape on Christmas Eve and cook it fresh in the morning after Father Christmas has left his presents. The house will be full of the glorious aroma of baking pastry and you'll have a Christmas to remember as well.

Coronbleth cnau almon a bricyll

Cynhwysion

375g o does crwst pwff parod
25g o flawd plaen
50g o fenyn
50g o siwgr mân
2 wy
50g o almonau wedi'u malu
ychydig ddiferion o rinflas almon
3 llwy fwrdd o jam bricyll

I addurno:
peth siwgr eisin ac ychydig o ddŵr
llond llaw o lugaeron wedi'u sychu
15g o gnau pistasio

TIP: Gallwch addurno gyda siocled
gwyn wedi toddi yn lle eisin.

Dull

Cynheswch y ffwrn i 200°C / 180°F / Nwy 6.

Curwch y menyn a'r siwgr nes eu bod yn lliw golau. Curwch yr wyau a'u hychwanegu. Hidlwch y blawd, a'i ychwanegu gyda'r almonau a'r rhinflas almon.

Rholiwch y toes allan a'i dorri yn ei hanner ar ei hyd i greu dau stribed mawr. Rhowch lwyeidiau o'r cymysgedd ar hyd ymyl hir y ddau stribed a thaenu jam yn gyfochrog ag ef. Rholiwch y ddau stribed i fyny ar eu hyd.

Plethwch y ddau stribed toes gyda'i gilydd a gwneud cylch ar fwrdd pobi gan wasgu'r ddau ben at ei gilydd.

Brwsiwch y blethen ag wy a'i phobi am 20-25 munud nes ei bod yn euraidd. Oerwch ar resel weiren.

I addurno, cymysgwch y siwgr eisin a'r dŵr i greu past rhedegog, a'i ddiferu dros ben y blethen, yna gwasgarwch y cnau a'r llugaeron drosto. Fel dewis arall gallech gymysgu'r siwgr eisin gyda sudd oren i'w ddiferu dros y blethen a gwasgaru ffrwythau sych a chroen oren drosti i wneud coronbleth Nadoligaidd.

Almond and apricot crown

Ingredients

375g pack ready-rolled puff pastry
25g plain flour
50g butter
50g caster sugar
2 eggs
50g ground almonds
a few drops of almond extract
3 tbsp apricot jam

To decorate:
some icing sugar and cold water
some dried cranberries
15g pistachio nuts

TIP: You can use melted white chocolate for the top instead of icing.

Method

Preheat the oven to 200°C / 180°F / Gas 6.

Beat the butter and sugar together until pale. Beat in the eggs. Add the flour, the ground almonds and the almond extract.

Roll out the pastry and cut in half lengthways to make 2 strips. Spoon the mixture along the long side of both strips. Spoon the jam alongside. Roll up the 2 strips lengthways.

Twist the 2 lengths into a ring on a baking tray and tuck the ends together. Brush with egg and bake for 20–25 minutes until golden. Cool on a wire rack.

To decorate, mix the icing sugar with the water to create a runny paste then drizzle over the ring, then sprinkle the nuts and cranberries on top. Alternatively you could mix the icing sugar with some orange juice and drizzle this over the roll and sprinkle with fruit, nuts and orange zest to create a very Christmassy crown.

Trît teledu

Yr adeg hon o'r flwyddyn mae eisiau bwyd cysurlon arnon ni i'n gwresogi a'n cadw ni i fynd – ychydig bach o danwydd yn y bola. Dyma dro cyfoes ar hen rysáit y *Welsh rarebit* blasus. Dwi'n defnyddio'r tameidiau o gaws sydd wastad yn llechu yng ngwaelod yr oergell drwy eu gratio a'u cyfuno â thato stwnsh dros ben ar ôl cinio Sul – perffaith, sdim ishe gwell.

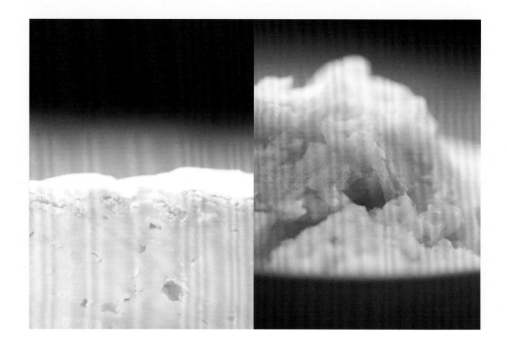

Cynhwysion

100g o siytni winwns coch
200g o dato stwnsh
100g o gaws hufen
200g o gaws o Gymru wedi gratio
100g o gaws Perl Wen neu brie
2 lwy fwrdd o gaws Parmesan
2 lwy fwrdd o laeth
2 lwy de o flawd corn
ychydig o ddail teim ffres

TIP: Ailgylchwch y swejen a'r moron sy'n weddill ar ôl cinio dydd Sul a'u hychwanegu at y tato stwnsh am flas gwahanol.

Dull

Cynheswch y ffwrn i 170°C / 325°F / Nwy 3.

Gwaredwch groen y caws Perl Wen neu'r brie a rhowch yr holl gaws, heblaw am y Parmesan, i mewn i brosesydd bwyd gyda'r blawd corn a llaeth a'i brosesu nes bod y cyfan yn llyfn. Yna ychwanegwch y teim a'r pupur du.

Irwch ddysgl addas ar gyfer y ffwrn cyn taenu'r siytni ar y gwaelod. Gwasgarwch y tato stwnsh dros ben y siytni ac yna'r topin cymysgedd caws. Yna ysgeintiwch y caws Parmesan drosto.

Gosodwch y ddysgl ar fwrdd pobi a phobwch am 25 munud. Os bydd angen mwy o liw ar yr wyneb rhowch o dan y gril nes ei fod yn euraidd.

Cofiwch bydd y pryd hwn yn dwym iawn oherwydd y caws toddedig felly aroswch am ychydig cyn ei weini.

Telly treat

This time of year we need comfort food to warm us and keep us going – a little bit of fuel for the belly. This is a contemporary twist on the old favourite, the Welsh rarebit. I use the random bits of cheese that always seem to be hiding at the bottom of the fridge. I grate the cheese and then add it to the mashed potato that's left over after Sunday lunch – perfect, and you can't improve on perfection!

Ingredients

100g red onion chutney
200g mashed potatoes
100g cream cheese
200g Welsh cheese, grated
100g Perl Wen cheese or brie
2 tbsp Parmesan cheese
2 tbsp milk
2 tsp cornflour
a few fresh thyme leaves

TIP: You could recycle any leftover swede and carrot from your Sunday lunch and add them to the mashed potato for a different taste.

Method

Preheat the oven to 170°C / 325°F / Gas 3.

Discard the skin of the Perl Wen cheese or the brie and put all the cheese apart from the Parmesan in a food processor with the cornflour and the milk and process it until it's smooth. Then add the thyme and black pepper.

Grease an ovenproof dish before spreading the chutney on the bottom. Layer the mashed potato on top of the chutney, and then the cheese topping. Sprinkle the dish with Parmesan cheese.

Place the dish on a baking tray and bake for 25 minutes. If it needs more colour on top then place under the grill until golden brown.

The food will be very hot because of the melted cheese so wait a while before serving.

Tryfflau caws

Ry'n ni'n gyfarwydd â chael
tryfflau melys adeg y Nadolig
ond beth am greu rhai sawrus
i'w gweini fel bwyd bys a bawd
gyda Champagne cyn cinio, neu
ar ôl cinio fel rhan o'r cwrs caws?
Gallwch greu eich tryfflau personol
eich hun drwy ddefnyddio'ch hoff
gaws. O ran eich dewis o gaws, yr
unig gyngor bydden i'n ei gynnig
yw nad yw caws glas yn gweithio
cystal oherwydd bod y blas yn
gallu bod yn rhy gryf, ond wedi
dweud hynny mae chwaeth pawb
yn wahanol.

Cheese truffles

We're used to having sweet truffles
around Christmas time but what
about creating a savoury version
to serve with Champagne either
before lunch, as finger food, or post
prandially as a part of the cheese
course? You can create your
personal version of these truffles
by using your favourite cheese. As
far as the choice of cheese goes,
the only word of advice I can offer
is that blue cheese doesn't work so
well, as the taste can be too strong,
but having said that, everybody
has their own particular tastes.

Tryfflau caws

Cynhwysion

200g o gaws wedi gratio (gallwch ddewis o
amrywiaeth o gaws)
100g o gaws Caerffili
1 twba o gaws hufen a blas garlleg
2 ffon helogan wedi'u torri'n fân
100g o fricyll wedi'u sychu

I orchuddio:
persli wedi'i falu
cennin syfi wedi'u malu
hadau cymysg
cnau wedi'u malu: cnau Ffrengig, cnau
pistasio a chnau daear

TIP: Gosodwch y tryfflau mewn
bocs pert i'w rhoi fel anrheg Nadolig
hyfryd i rywun lwcus.

Dull

Briwsionwch y caws Caerffili i bowlen gymysgu. Ychwanegwch y
cymysgedd o gawsiau wedi'u gratio i'r bowlen. Ychwanegwch yr helogan
a'r bricyll wedi'u malu'n fân (gallwch eu malu nhw mewn prosesydd bwyd
os hoffech).

Ychwanegwch y caws hufen a'i gymysgu'n dda cyn ffurfio peli tryffl.

Unwaith rydych chi wedi defnyddio'r holl gymysgedd gallwch rholio'r
tryfflau mewn amrywiaeth o gynhwysion i'w gorchuddio.

Gweinwch mewn casys papur petits fours.

Maen nhw'n taro i'r dim fel canapes neu fel rhan anarferol o gwrs gaws.

Cheese truffles

Ingredients

200g grated cheese (you can choose a
variety of cheeses)
100g Caerffili cheese
1 tub of garlic-flavoured cream cheese
2 sticks of celery, finely chopped
100g dried apricots, finely chopped

For the coating:
chopped parsley
chopped chives
mixed seeds
chopped nuts: walnuts, pistachios and
peanuts

TIP: Put the truffles in a pretty box
as a thoughtful Christmas gift for
some lucky person.

Method

Crumble the Caerffili cheese into a mixing bowl. Add the grated cheese mix
to the bowl and then the chopped celery and apricots (you can chop them
up in a food processor if you wish).

Add the cream cheese and mix well before forming into truffle shapes.

Once you have rolled all the mixture into small truffle balls you can then
roll them in a variety of the chopped coatings.

Serve in petits fours cases.

They're great as a canapé or as an unusual element to the cheese course.

Cawl cynnes

Dyma bryd cynhaliol i gynhesu'ch calon; yr union beth ar gyfer diwrnod oer, rhynllyd. Dwi'n hoff iawn o wneud cawl yn ystod y gaeaf achos mae'n hawdd ei baratoi ymlaen llaw cyn mynd am dro llesol i ganol barrug a rhew ac ry'ch chi'n gwybod bod llond powlen o gawl cynnes maethlon yn aros amdanoch. A chyda thocyn blasus o fara a thamaid o fenyn hallt Cymreig arno, mae'n gwneud pryd cyflawn a maethlon i'ch llenwi – rydw i wedi defnyddio darnau bach o dost ar siâp sêr fel addurn gyda'r rysáit hon er mwyn codi gwên.

Warming soup

Here is a seriously nutritious soup to warm the cockles of your heart. I'm particularly partial to making cawl or soup in winter as it's easy to prepare before going on a jaunty walk amidst frost and wind knowing that a bowlful of hearty hot soup is waiting for you when you get back. Along with some tasty fresh bread with a little salty Welsh butter on it, this makes a filling nourishing meal – in this particular recipe I've used little pieces of toast cut into star shapes as decoration to raise a smile.

Cawl cynnes

Cynhwysion

500g o domatos ffres
1 tun o domatos
2 gorbwmpen wedi'u gratio
1 winwnsyn
2 lwy fwrdd o olew olewydd
2 ewin garlleg
1 llwy de o siwgr
500ml o stoc llysiau
50g o basta bach sych ar gyfer cawl
2 dafell o dost i addurno

TIP: Am fwy o flas gallwch
rostio pupurau coch a
melyn gyda'r tomato.

Dull

Cynheswch y ffwrn i 200°C / 400°F / Nwy 6.

Cynheswch yr olew olewydd mewn ffrimpan, ychwanegwch y winwnsyn
a'i goginio am 5 munud nes ei fod yn feddal.

Trosglwyddwch y winwns i dun rhostio ac ychwanegwch y tomatos,
y garlleg a'r siwgr, yna ychwanegwch ychydig o halen a phupur fel y
dymunwch. Rhostiwch am 20 munud, yna gadewch iddo oeri am ychydig.

Rhowch y llysiau'n purée mewn cymysgydd bwyd gydag ychydig o stoc
cyn eu rhoi mewn sosban. Ychwanegwch weddill y stoc, y tun tomatos a'r
pasta, yna'i adael i goginio am 5 munud cyn ychwanegu'r corbwpmen.
Ychwanegwch halen a phupur os oes angen.

Torrwch 6 seren fach allan o'r tost a rhowch letwad o'r cawl mewn
mygiau. Addurnwch â'r darnau tost siâp sêr.

Warming soup

Ingredients

500g fresh tomatoes
1 tin tomatoes
2 courgettes, grated
1 onion
2 tbsp olive oil
2 garlic cloves
1 tsp sugar
500ml vegetable stock
50g small dried soup pasta
2 slices of toast to use as decoration

Method

Preheat the oven to 200°C / 400°F / Gas 6.

Heat the olive oil in a frying pan, add the onion and cook for 5 minutes until soft.

Transfer to a roasting tin and add the tomatoes, garlic and sugar, then season. Roast for 20 minutes then let it cool slightly.

Purée the veg in a food blender with a little stock before transferring to a saucepan. Add the remaining stock, the tinned tomatoes and bring to the boil with the pasta. Let it cook for 5 minutes before adding the grated courgette. Check the seasoning to taste.

Cut 6 star shapes out of the toast and ladle the soup into mugs. Top with the toasted stars.

TIP: You could roast red and yellow peppers with the tomatoes for added flavour.

Mins peis ffransipán

Mae'n sialens i mi bob blwyddyn i greu mins peis sydd ychydig bach yn wahanol i rai'r flwyddyn cynt. Rwyf i'n llwyddo i wneud hynny fel arfer drwy gymysgu cynhwysion, arbrofi a blasu (wrth gwrs). A dyma nhw i chi, cynnyrch Nadolig y llynedd. Yr adeg hyn o'r flwyddyn mae cymaint yn ymweld â Chegin Gareth, mae gweini mins peis yn ffordd wych i roi blas i bobl ar fy mwyd ac o gael adborth hefyd ac rwy'n gwerthfawrogi barn fy ymwelwyr bob tro – fel eisin ar y gacen.

Franzipan mince pies

Every year, it's a personal challenge to create mince pies that are a little bit different to the ones last year. I usually succeed after a bit of mixing ingredients, experimentation and tasting (of course). And here they are, last Christmas' version. So many people visit Gareth's Kitchen at this time of year that serving mince pies is a great way of giving people a taste of my food and of getting feedback, I really appreciate my visitors' opinion every time – it's like the icing on the cake.

Mins peis ffransipán

Cynhwysion

Ar gyfer y toes:
150g o flawd plaen
25g o siwgr mân
½ llwy de o bowdr pobi
75g o fenyn
75g o gaws hufen meddal
50g o almonau wedi'u malu
1 melynwy
pot o friwfwyd (bydd angen 1 llwy de ar gyfer pob mins pei)
llond llaw o almonau wedi'u fflawio

Ar gyfer y ffransipán:
150g o almonau wedi'u malu
100g o fenyn meddal
100g o siwgr mân
2 wy
25g o flawd plaen
1 llwy de o rinflas almon
1 llwy fwrdd o ddŵr oer
croen ½ oren

Dull

Cynheswch y ffwrn i 180°C / 350°F / Nwy 4.

Ar gyfer y toes, arllwyswch y blawd, y powdr pobi a'r siwgr i mewn i brosesydd bwyd. Ychwanegwch y menyn, a throwch y cymysgedd nes ei fod yn edrych fel tywod mân.

Ychwanegwch y caws meddal, y almonau wedi'u malu, y melynwy a'r dŵr oer a throwch y cyfan yn y prosesydd bwyd i ffurfio toes meddal. Gorchuddiwch ac oerwch am awr.

Rholiwch y toes allan a chan ddefnyddio torrwr 8cm rhychiog, leiniwch 2 dun pati a lle i ddeuddeg teisen fach ym mhob un, tebyg i dun myffins.

Gosodwch gynhwysion y llenwad ffransipán prosesydd bwyd a throwch y cynnwys nes ei fod yn llyfn, neu defnyddiwch lwy bren neu chwisg drydan os nad oes gennych chi brosesydd.

Gosodwch 1 llwy de o friwfwyd ar waelod pob casyn toes.

Rhowch gymysgedd ffransipán ar eu pennau gan ei daenu hyd at ymylon y teisennau i orchuddio'r briwfwyd. Taenwch yr almonau wedi'u fflawio ar ben pob un a phobwch am 20 munud nes eu bod yn euraidd.

Tynnwch y pasteiod o'r tun a'u gadael i oeri ar resel weiren am ychydig cyn ysgeintio siwgr eisin drostynt.

TIP: Beth am ddefnyddio ceuled lemwn fel llenwad yn lle briwfwyd er mwyn creu rhywbeth blasus ar gyfer unrhyw adeg o'r flwyddyn?

Franzipan mince pies

Ingredients

For the pastry:
150g plain flour
25g caster sugar
½ tsp baking powder
75g butter
75g soft cream cheese
50g ground almonds
1 egg yolk
mincemeat (you'll need about 1 tsp per mince pie)
a handful of flaked almonds

For the franzipan:
150g ground almonds
100g butter, softened
100g caster sugar
2 eggs
25g plain flour
1 tsp almond extract
1 tbsp water
zest ½ orange

TIP: You could use lemon curd instead of mincemeat to make a tasty treat during the rest of the year.

Method

Preheat the oven to 180°C / 350°F / Gas 4.

To make the pastry, tip the flour, baking powder and sugar into a food processor. Add the butter and pulse until the mixture resembles fine sand.

Add the soft cheese, ground almonds, egg yolk and 1 tablespoon of cold water and blitz to form a soft dough. Cover and chill for an hour.

Roll the pastry out, and using an 8cm fluted cutter, line 2 x 12 patty tins.

Place all the topping ingredients into the food processor and blitz until smooth, or use a wooden spoon or electric whisk.

Put 1 teaspoon of mincemeat into the base of each lined pastry case. Top with the franzipan mixture, spreading it to the edges to cover the mincemeat. Scatter with flaked almonds and bake for 20 minutes until golden.

Remove the individual pies from the tin onto a cooling rack and allow to cool a little before dusting with icing sugar.

Zucotto pelen eira

Efallai nad yw'r pwdin plwm traddodiadol at ddant pawb ac felly rydw i wedi creu rysáit sy'n medru dod i'r adwy adeg y Nadolig. Mae'r pwdin tymhorol hwn yn edrych yn berffaith o dan gawod o eira melys. Mae'r pwdinau hyn yn rhewi'n dda, ac a bod yn onest, o'i rewi, mae'r melysfwyd hwn yn fy atgoffa i o'r hen Arctic Roll yr oeddwn mor hoff ohono pan oeddwn i'n blentyn. Cofiwch does dim rhaid dadlaith y pwdin yn llwyr os ydych chi'n ei rewi; bydd gennych ganol oer cudd yn union fel hufen iâ.

Mae'n gwneud digon i 6.

Snowball zucotto

The traditional plum pudding may not be to everyone's taste so I've come to the rescue with a recipe I created especially for Christmas. This seasonal pudding looks perfect under a shower of sweet snow. These puddings freeze well, and I must say, having frozen them, they remind me of the old Arctic Roll that I used to love when I was young. Remember you don't have to defrost this pudding totally from frozen; it leaves a hidden ice-cold centre that's just like ice cream.

Makes enough for 6.

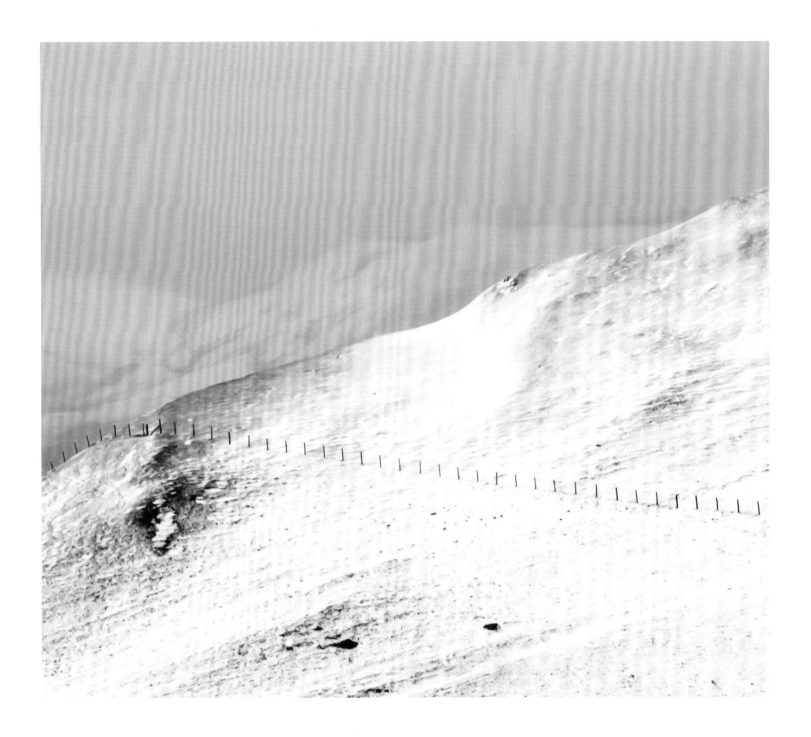

Zucotto pelen eira

Cynhwysion

1 deisen Madeira fawr
110g o siwgr
90ml o Cointreau (neu 6 llwy fwrdd)
500ml o hufen dwbl
1 llwy fwrdd o siwgr eisin
2 far siocled Crunchie wedi'u malu
200g o fafon ffres neu wedi'u rhewi
200g o siocled gwyn wedi'i dorri
50g o gnau coco mâl wedi sychu

Dull

Gwnewch y syrop drwy gyfuno'r siwgr, y Cointreau a 90ml o ddŵr mewn sosban. Cynheswch yn araf i doddi'r siwgr, yna dewch ag ef i'r berw. Trosglwyddwch i bowlen a'i adael i oeri.

Tafellwch y deisen yn denau a thorri 6 chylch allan. Torrwch y sbwng sy'n weddill yn dafelli.

Leiniwch 6 phot pwdin neu gwpanau â haenen lynu.

Brwsiwch y tafelli teisen â'r syrop a chan ddefnyddio'r 6 chylch ar gyfer y gwaelod, leiniwch eich potiau neu gwpanau ac adeiladu i fynyd o gwmpas yr ochrau â'r tafelli. Gosodwch yn yr oergell i galedu ychydig.

Chwipiwch 300ml o'r hufen gyda'r siwgr eisin a phlygwch y Crunchie a'r mafon i mewn. Rhannwch y cymysgedd yn gyfartal rhwng y 6 phot neu gwpan.

Gosodwch weddill y tafelli teisen ar ben pob pot. Brwsiwch y topiau â mwy o'r syrop ac oerwch nes eu bod ychydig yn fwy caled.

I wneud y ganache, cynheswch a thoddwch y siocled a'r hufen sy'n weddill gyda'i gilydd ac yna oerwch yn yr oergell i'w dewhau.

Tynnwch y pwdinau o'r potiau neu gwpanau a thaenwch y ganache dros ben bob un. Gwasgarwch y cnau coco ar ben y siocled a gadael y cyfan i galedu.

Gweinwch gyda mafon ac ysgeintiad o eira siwgr eisin.

TIP: Gallwch rewi'r pwdinau hyn a'u gweini'n syth o'r rhewgell – delfrydol os oes gwesteion yn galw'n annisgwyl.

Snowball zucotto

Method

Make the syrup by combining the sugar, Cointreau and 90ml of water in a saucepan. Heat gently to melt the sugar then bring to the boil. Transfer to a bowl and allow to cool.

Slice the cake thinly and cut out 6 rounds. Divide the remaining sponge into slices.

Line 6 pudding pots or cups with clingfilm.

Brush the cake slices with the syrup. and using the 6 circles for the base, line your pots or cups and then build up around the surface with the slices. Place in the fridge to firm.

Whip 300ml of the cream with the icing sugar and fold in the Crunchie and raspberries. Divide this mixture evenly between the 6 pots or cups.

Top each one with some of the remaining cake slices. Brush the tops with more syrup and chill in fridge until firm.

To make the ganache, heat and melt the chocolate and the remaining cream together and chill in the fridge to thicken.

Remove the puddings from the pots or cups and spread the ganache over the surface. Scatter with coconut and leave to set.

Serve with raspberries and a dusting of snow icing sugar.

Ingredients

1 large Madeira cake
110g sugar
90ml Cointreau (or 6 tbsp)
500ml double cream
1 tbsp icing sugar
2 Crunchie chocolate bars, chopped
200g frozen or fresh raspberries
200g white chocolate, chopped
50g desiccated coconut

TIP: You could freeze these puddings and serve them straight from the freezer – ideal if unexpected guests call round.

Salami siocled

Rysáit ar gyfer y rhaglen *Prynhawn Da* oedd hon yn wreiddiol; roedden nhw am nodi wythnos genedlaethol y selsig o bob dim! Wel, roedd meddwl am rysáit yn cynnwys selsig go iawn yn weddol hawdd, ond beth am bwdin? Dyna oedd yr her a dyna sut y crëwyd y rysáit hon. Ar yr olwg gyntaf, ac o'r tu allan, mae'n edrych fel salami, ond y gyfrinach yw mai siocled yw sylfaen y rysáit. Clyfar a chyfrwys... Roedd y criw yn y stiwdio wrth eu boddau'n ei flasu ar ddiwedd y rhaglen a nifer o'r gwylwyr wedi ffonio i ofyn am y rysáit. Rhaid i chi flasu er mwyn credu felly rhowch gynnig arni. Ychydig o sbort yw'r salami siocled, ar gyfer parti Nadolig efallai, oherwydd yn bendant bydd yn destun trafod. Sleisen fach gyda phaned o goffi da, dyna sut dwi'n ei weini.

Chocolate salami

Originally this was a recipe for the programme *Prynhawn Da*; they wanted to celebrate national sausage week of all things! Well, thinking about a real sausage recipe was fairly easy, but what about pudding? That was the challenge and that is how this recipe came about. At first glance, and from the outside, it looks exactly like a salami, but the secret is that chocolate forms the basis of this recipe. Clever and cunning... The studio crew were thrilled to get a taste at the end of the programme and many of the viewers called to ask for a copy of the recipe. You have to taste in order to believe, so give it a go. This chocolate salami is a bit of fun, ideal for a Christmas party perhaps; it would certainly be a topic of conversation. I serve a small slice with some good coffi.

Salami siocled

Cynhwysion

300g o siocled tywyll
125g o fenyn
200g o fisgedi digestive wedi'u torri'n ddarnau
100g o ffrwythau sych o'ch dewis chi
50g o gnau coco mâl wedi sychu
50g o falws melys bach
siwgr eisin

TIP: Gallwch ddefnyddio bisgedi amaretti yn lle rhai digestive.

Ingredients

300g dark chocolate
125g butter
200g digestive biscuits, broken into pieces
100g dried fruit of your choice
50g desiccated coconut
50g small marshmallows
icing sugar

TIP: You can use amaretti biscuits instead of digestives.

Chocolate salami

Dull

Toddwch y siocled mewn powlen wedi'i gosod mewn sosban o ddŵr berw. Sicrhewch nad yw'r bowlen yn cyffwrdd â'r dŵr.

Mewn powlen arall cymysgwch y bisgedi, y ffrwythau sych a'r cnau coco. Ychwanegwch y cymysgedd siocled atynt ac yna ychwanegwch y malws melys. Cymysgwch y cyfan at ei gilydd.

Rhowch y cymysgedd ar ddarn o haenen lynu, rholiwch ffurfio i siâp salami mawr, yna lapiwch mewn ffoil i gadw'r siâp. Gosodwch yn yr oergell i oeri a chaledu.

Tynnwch y salami allan o'i ddeunydd lapio a'i rolio mewn siwgr eisin, yna sleisiwch ef a'i weini gyda phaned o goffi.

Method

Melt the chocolate in a bowl placed in a saucepan of boiling water. Make sure the bowl doesn't touch the water.

In another bowl mix the biscuits, the dried fruit and the coconut. Add the melted chocolate to the dry mixture, add the marshmallows. Mix everything together.

Place the mixture in clingfilm and roll into a salami shape before wrapping foil around it to keep its shape. Place in the fridge to set.

Take the salami out of its wrapping, roll it in icing sugar, cut into slices and serve with a cup of coffee.

Florentines llugaeron

Rydw i eisiau nodi fan hyn yn blwmp ac yn blaen fod mwy i lugaeron na bod yn saws i fynd gyda thwrci yn unig!

Yn y rysáit hon ar gyfer florentines, rwy'n defnyddio llugaeron wedi'u sychu, a hefyd, er mwyn rhoi blas o Gymru, rwy'n dewis defnyddio mêl o Gellan; efallai bod gennych chithau gynhyrchwyr mêl sy'n lleol i chi. Mae'r bisgedi bach tenau hyn yn llawn o flasau Nadoligaidd, ac yn anrheg hyfryd i rywun neu i'w cael gyda choffi ar ddiwedd pryd bwyd.

Cranberry florentines

I would like to state clearly here that there is more to cranberries than just being an accompaniment to turkey!

In this recipe for florentines I'm using dried cranberries, and in order to give a flavour of Wales, I've chosen to use honey from Cellan near Lampeter; you may have a local honey producer near you. These thin little biscuits are full of festive flavours and make a lovely gift for someone, or just to have with coffee at the end of a meal.

Florentines llugaeron

Cynhwysion

75g o fenyn
75g o siwgr mân
2 lwy fwrdd mêl clir (neu driog melyn)
75g o flawd plaen
75g o lugaeron wedi'u sychu
50g o geirios glacé wedi'u torri'n fân
50g o groen ffrwythau sych cymysg
50g o almonau wedi'u fflawio
½ llwy de o sbeis cymysg

TIP: Dylech chi gadw llygad
barcud ar y bisgedi tra'u bod
nhw'n coginio oherwydd fe
allan nhw losgi cyn i chi sylwi.

Dull

Cynheswch y ffwrn i 180°C / 350°F / Nwy 4.

Leiniwch ddau fwrdd pobi gyda phapur pobi.

Rhowch y menyn, y siwgr a'r mêl (neu'r triog) mewn sosban a'u cynhesu'n raddol nes bod y menyn wedi toddi a'r siwgr wedi diflannu.

Tynnwch y sosban oddi ar y gwres a rhowch y blawd, y sbeis, y llugaeron, y ceirios, y croen ffrwythau a'r cnau almon i mewn i'r cymysgedd a'i droi.

Gollyngwch lwyeidiau te gorlawn o'r cymysgedd ar y papur pobi gan adael digon o le rhwng pob un er mwyn i'r cymysgedd ledaenu.

Pobwch yn y ffwrn am 10-12 nes eu bod yn lliw brown euraidd.

Gadewch nhw am 5 munud, yna'u trosglwyddo i resel weiren i oeri.

Fel ychwanegiad bach moethus i'r danteithion hyn, gallwch doddi siocled a'i daenu ar waelod y bisgedi.

Cranberry florentines

Ingredients

75g butter
75g caster sugar
2 tbsp clear honey (or golden syrup)
75g plain flour
75g dried cranberries
50g glacé cherries, chopped
50g dried mixed peel
50g flaked almonds
½ tsp mixed spice

Method

Preheat the oven to 180°C / 350°F / Gas 4.

Line 2 baking trays with baking parchment.

Put the butter, sugar and honey (or syrup) in a pan and heat gently until the butter has melted and all the sugar has dissolved.

Remove the saucepan from the heat and stir in the flour, spice, cranberries, cherries, fruit peel and almonds.

Drop heaped teaspoons of the mixture onto the baking parchment on the trays, leaving a space between each to allow the mixture to spread.

Bake in the oven for 10–12 minutes until golden brown.

Leave for 5 minutes, then transfer from the tray to a wire rack to cool.

As an added luxury you could spread melted chocolate onto the base of the biscuits.

TIP: You should keep a beady eye on the biscuits as they bake as they can burn quickly.

Cyfrinachau'r cwpwrdd cynhwysion

Mae cwpwrdd pobi pawb yn cynnwys amrywiaeth o bethau, a thrwy broses o brofi a thrio o dipyn i beth daw rhai pethau'n gynhwysion hanfodol i'ch cwpwrdd chi. Dyw cwpwrdd pawb ddim yr un peth, ond dyma restr o gynhwysion na fyddaf i byth hebddyn nhw yn y gegin.

Cwinoa

Dyma gynhwysyn newydd i ymuno â'r criw yn fy nghwpwrdd. Math o rawn yw cwinoa, a ddaw yn wreiddiol o Dde America, a chaiff hadau'r planhigyn eu bwyta, wedi iddynt gael eu coginio. Mae cwinoa yn arbennig o hawdd i'w ddefnyddio ac yn hyfryd mewn salad neu wedi'i weini'n gynnes gyda chyrri. Mae iddo rinweddau iachusol pwysig – mae'n dda i chi!

Almonau wedi'u fflawio a'u tostio'n barod

Faint ohonoch chi fel fi sydd wedi llosgi almonau wrth eu rhostio nhw? Dyma gynhwysyn parod i'ch achub chi... a'r almonau...

Rhinflas almon

Angenrheidiol i roi dyfnder blas i gacennau.

Past fanila

Does dim angen crafu hadau o goden fanila rhagor; gadewch i rywun arall wneud y gwaith drosoch chi.

Jeli cyrens coch

Rhowch ychydig mewn grefi – mae'n trawsnewid y blas – neu defnyddiwch ychydig i roi sglein ar dartenni ffrwythau.

Store cupboard secrets

Everybody's baking cupboard has a variety of different things in it, and slowly through a process of trial and error you discover the essential ingredients for your cupboard. No two cupboards are the same, but here is a list of the ingredients that I wouldn't be without in my kitchen.

Quinoa

This is a fairly new ingredient to join my cupboard gang. Quinoa is a kind of grain that originated in South America, and the plant's seeds are eaten after cooking. Quinoa is very easy to use and is delicious in a salad or served warm with a curry. Quinoa has important, health-giving properties – it's good for you!

Ready flaked and toasted almonds

How many of you like me have burned almonds whilst trying to toast them? Here is product that will save you... and the almonds...

Almond essence

Essential to give cakes a depth of taste.

Vanilla paste

There's no need to scrape the seeds out of vanilla pods any more; let somebody else do the work for you.

Redcurrant jelly

Introduce this to your gravy – it transforms the taste – or use a little to give your fruit tarts a little shine.

Toes pwff

Rwy'n defnyddio'r toes hwn yn sawl un o'r ryseitiau yn y gyfrol hon. Gallwch ei brynu wedi'i rolio'n barod hefyd; wel pam lai, mae pob peth yn help.

Hadau pabi

Dyma ffefryn mawr gen i, ond prynwch becyn o siop fwyd dda; peidiwch â'u cymryd o'r ardd beth bynnag wnewch chi. Mae'r hadau bychain hyn yn rhoi blas, lliw ac ansawdd arbennig i bryd.

Mwstard grawn cyflawn

Mae digonedd o amrywiaeth ddiddorol o fwstard grawn cyflawn ar gael. Fy ffefryn i yw mwstard a mêl Cymru ynddo; mae'n hyfryd gyda chig oen Cymreig.

Ffa tsili mewn tun

Does dim angen prynu sawl gwahanol math o ffa mewn tuniau, dyma un tun a'r saws tsili ynddo'n barod sy'n medru cael ei ddefnyddio at sawl pwrpas, mae'n wych mewn Bolognese neu mewn tsili sylweddol.

Caws hufen braster llawn

Rhaid i fi gyfaddef nad oes dim caws gwell ar y farchnad na Philadelphia. Rydw i wedi trio'r pob math, credwch chi fi, ond dim ond hwn sy'n ddigon hufennog ar gyfer y ryseitiau rydw i'n eu creu ac rwy'n cael gwell canlyniadau o'i ddefnyddio.

Marmalêd winwns coch

Cynnyrch hyblyg ac amlddefnydd yw hwn mae'n bywiocáu sawl pryd bwyd.

Casyn toes wedi'i goginio'n barod

Dyma ffordd effeithiol o arbed amser; mae wastad yn ddefnyddiol cadw un sbâr o'r casynnau toes wedi'u coginio'n barod yn y cwpwrdd rhag ofn bod amser yn brin. Mae'n arbennig o ddefnyddiol ar gyfer y rysáit meringue mwyar yn y gyfrol hon, ac mae'n sicrhau eich bod chi'n cael gwaelod sych bob tro hefyd!

Puff pastry

I use this pastry in several of the recipes in this book. You can even buy it ready-rolled; well, why not, every little bit helps.

Poppy seeds

Poppy seeds are a great favourite of mine, but buy a packet from a good food shop; don't take them from the garden whatever you do. These small seeds punch above their weight and give special taste to food as well as adding colour and texture.

Wholegrain mustard

There are plenty of interesting varieties of wholegrain mustard around. My favourite is a mustard with Welsh honey in it; it's gorgeous with Welsh lamb.

A tin of chilli beans

There's no need to buy several different types of beans in tins; this is one multipurpose tin with the chilli sauce already in it, and it's superb in a Bolognese or in a hearty chilli.

Full fat cream cheese

I have to admit that there is no better cheese on the market than Philadelphia. I've tried them all, believe me, but it's only this make that's creamy enough for the recipes that I create, and I get better results using this product.

Red onion marmalade

This is such a flexible and multi-use product; it enlivens lots of meals.

Precooked pastry case

Here's a great way of saving time, and it's always good to keep a spare ready cooked pastry case in your cupboard in case time flies. This product is great for

Cnau pistasio

Rydw i wrth fy modd gyda'r gneuen hon – mae gen i gyflenwad cyson yn fy nghwpwrdd yma. Rydw i'n eu defnyddio'n aml fel addurn cyflym ac effeithiol ar gyfer cacennau a phwdinau maen nhw'n rhoi teimlad cyfoes i'r bwyd ac mae'r blas yn ardderchog hefyd.

Llugaeron wedi'u sychu

Prynwch y rhai gorau y medrwch eu fforddio; mae eu lliw yn dueddol o fod yn fwy coch. Dyma gynhwysyn sy'n hyfryd mewn ryseitiau sawrus a melys, ac wrth gwrs mae'n ddewis iachus fel snac yn lle losin.

Cordial blodau ysgaw

Dyma flas soffistigedig rwyf yn hoff iawn ohono ac rwy'n ei ddefnyddio'n aml mewn prydau. Wrth gwrs mae'n hyfryd wedi'i gymysgu â dŵr pefriog fel pop posh; mae'n torri syched i'r dim.

Puprau wedi'u rhostio mewn jar

Byddaf yn cadw jar o'r rhain yn fy nghwpwrdd rhag ofn; maen nhw'n hawdd i'w defnyddio, dim ffws na ffwdan.

Olew blas tsili

Dyma i chi gynhwysyn sy'n ychwanegu at flas nifer o ryseitiau; mae'n rhoi cic i sawl pryd bwyd.

Olew blas tsili

Dyma i chi gynhwysyn sy'n ychwanegu at flas nifer o ryseitiau; mae'n rhoi cic i sawl pryd bwyd.

Arwyr y gegin

Mae gen i gyflenwad parod o'r canlynol yn fy nghwpwrdd at bob achlysur a sefyllfa! Dydyn nhw byth yn fy ngadael i lawr:

Papur pobi gwrthsaim
Casys cardfwrdd i bobi torthau bychain
Casys myffins papur

---

the blackberry meringue recipe in this book, and it also saves you from a soggy bottom every time!

Pistachios

I love this nut – I have a constant supply in my cupboard here. I use them often as a quick and effective decoration for cakes and puddings; they give the food a contemporary feel and they taste great too.

Dried cranberries

Buy the best you can afford, as their colour tends to be redder. This is a lovely ingredient in both savoury and sweet recipes, and of course it's a healthy option and a snack instead of sweets.

Elderflower cordial

This is a really sophisticated taste that I'm extremely partial to and I use it regularly in my cooking. Of course it's lovely mixed with sparkling water as posh pop and really hits the spot in the thirst quenching stakes.

Roasted peppers in a jar

I always keep a jar of these in my cupboard in case; they're easy to use, no fuss or nonsense.

Chilli-flavoured oil

Here is an ingredient that adds to the taste in many of my recipes; it just gives a meal a bit of a kick.

Kitchen heroes

I have a ready supply of the following in my cupboard for all situations and occasions! They never let me down :

Greaseproof baking paper
Mini loaf cake bakeable cardboard cases
Paper muffin cases